# TEATRO

LITERATURA

ESPASA CALPE

# IGNACIO SÁNCHEZ MEJÍAS

# TEATRO

Edición
Antonio Gallego Morell

COLECCIÓN AUSTRAL
ESPASA CALPE

Maqueta de cubierta: Enric Satué

*Depósito legal: M. 18.474—1988*

*ISBN 84—239—1847—5*

*Impreso en España*

*Printed in Spain*

*Talleres gráficos de la Editorial Espasa-Calpe, S. A.*

*Carretera de Irún, km. 12,200. 28049 Madrid*

# ÍNDICE

## «NI MÁS NI MENOS»

### COMEDIA EN TRES ACTOS Y EN PROSA



## «SOLEDAD»

### COMEDIA EN MÁS DE UN ACTO

# PRÓLOGO

Los poetas que venimos conociendo, en el marco de la literatura española, como integrantes de la denominada «generación del 27» nos llegan bajo dicha apelación porque en 1927 se celebra el centenario del poeta cordobés Luis de Góngora y la apoteosis gongorina les congrega y les ofrece perfil literario [1]. Pero en la vida real las anécdotas son las que muchas veces construyen la historia. Y acaso más honda influencia que las propias *Soledades* de Góngora ejerciese sobre los escritores del 27, para integrarse en grupo, el viaje que realizaron dicho año a Sevilla, con motivo del ciclo de conferencias organizado aquel año por el Ateneo y que se celebró en los locales, hoy ya desaparecidos, de la Sociedad Económica de Amigos del País. Conocemos la ocasión a través, sobre todo, de la fotografía; en alguna otra ocasión he evocado lo que denominé el «mitin pro Góngora en Sevilla»: «Toda la generación de la Dictadura se retrata en Sevilla en 1927. Son los poetas de 1927. Otra vez las figuras de *academia* y, a los pies de la túnica de escayola, el sombrero de Bergamín. Tras ellos, el lienzo cuarteado de un cuadro de historia. Esquivel hubiese colocado un retrato de

[1] Elsa Dehennin, *La résurgence de Góngora et la génération poétique de 1927*, París, 1962.

Juan Ramón Jiménez. Aunque les pese, renieguen o sinceramente no lo crean, son los hijos de aquel *poeta recién casado*. Es la tribuna, el timbre y el mismo vaso de agua que el Ateneo de Sevilla reservaba para todos sus conferenciantes. Siete poetas se colocan en postura de colegio, con las manos cogidas, esperando el pajarito que promete salir de la cámara del fotógrafo. Costea la fotografía un torero y todavía, en 1927, posar ante la placa de cristal del fotógrafo es un acontecimiento»[2].

Pues bien, en aquel viaje juega un decisivo papel un torero que entonces casi está retirado de los ruedos: Ignacio Sánchez Mejías sólo torea tres corridas en 1927. El torero colabora con sus propias pesetas en subvencionar los gastos del ciclo literario organizado por el Ateneo. Algunos de los escritores ya conocían a Ignacio anteriormente, otros le conocen con motivo de este viaje a Sevilla; todos regresan de aquella Andalucía impresionados por la personalidad irresistible del matador de toros. Ignacio fascina a los escritores y se asegura para el futuro su paso a la posteridad. Sin este viaje ni Lorca ni Alberti hubiesen creado, años después, sus poemas *Llanto por Ignacio Sánchez Mejías* y *Verte y no verte*.

Siempre he creído que el *Llanto* de Lorca representa la cumbre de la obra total del poeta granadino; desde luego es el más ambicioso poema escrito sobre tema taurino en nuestras letras y uno de los grandes monumentos de la literatura española. De aquí que trabaje actualmente en un libro que me seduce: de la misma manera que Pidal se acercó a estudiar el *Poema del Cid* investigando a la par en el texto y en la figura histórica que lo inspiró, ya en otra ocasión intenté ilustrar también la *Oda a Plat-*

[2] Antonio Gallego Morell, *En torno a Garcilaso y otros ensayos*, Madrid, 1970 (capítulo: «La literatura de tres épocas en cinco instantáneas»), pág. 186.

*ko,* de Rafael Alberti, a la luz de lo que los cronistas deportivos decían en la prensa al día siguiente del partido en el campo del Sardinero que presenció el poeta gaditano y que dio origen al mejor poema de tema deportivo en nuestra poesía nacional[3]; ahora pretenderé, en esta misma línea, aunar el estudio del *Llanto* de García Lorca con las noticias que encuentre sobre el héroe —Ignacio Sánchez Mejías— cuya muerte en el ruedo provocó el poema de Federico. En la línea de esta ocupación me he acercado a una faceta poco conocida de este héroe, como son sus actividades literarias, y ofrezco esta edición de sus obras teatrales que contribuyen a delinear el perfil de una figura que en la época de los poetas del 27 llega a adquirir silueta legendaria.

Ignacio Sánchez Mejías nace en Sevilla en 1891 —exactamente siete años menos un día mayor que García Lorca, sólo un año mayor que Pedro Salinas— hijo de un prestigioso médico que acaricia la idea de que también su hijo realice estos estudios como haría otro hermano del diestro[4]; pero pronto Ignacio alterna la lectura en antologías poéticas, a las que se siente atraído, con escapadas a la Alameda de Hércules y a la huerta «la Barqueta del médico», así llamada por ser de su padre, el doctor don José Sánchez Mejías, lugares en los que coincide con *Joselito* y recibe sus primeras lecciones de toreo. Su suerte ya está echada: será torero, pero no por ambición, sino por instinto. Ignacio, como todo mu-

---

[3] Antonio Gallego Morell, *Literatura de tema deportivo,* Madrid, 1969 (capítulo: «El poema de Alberti»), págs. 121-125. Véase especialmente el cap. «La oda *a Platko»* en *Eternidad Yacente. Estudios sobre la obra de Rafael Alberti.* Granada, 1985, págs. 66-82.

[4] El doctor don Daniel Mezquita Moreno, catedrático que fue de la Universidad de Madrid, pronunció una conferencia en dicha ciudad, en 1950, no publicada posteriormente, bajo el título «Ignacio Sánchez Mejías, hijo y hermano de médicos».

chacho inteligente, está lleno de curiosidades e inquietudes y se interesa por la literatura desde esas fechas de principios del novecientos en los que todo estudiante español recita a Espronceda, Zorrilla o Bécquer para empezar pronto a no recordar otras estrofas que las pegadizas del nicaragüense Rubén Darío. Ignacio no acaba el bachillerato entonces, simulando ante su padre que ha aprobado todas las asignaturas y asistiendo como alumno libre oyente a las clases del primer año de la carrera de Medicina [5]; pero el engaño no es posible mantenerlo para el curso siguiente y este problema que se le presenta con aire dramático, su innata afición a los toros y el juvenil deseo de aventura le llevan a embarcarse como polizón a América en compañía de su amigo Enrique Ortega, *el Cuco,* más tarde torero y cuñado de Ignacio y de *Joselito.* (Muchos años después la escritora Concha Mendes, que sería esposa del poeta Manuel Altolaguirre, llevada por su espíritu aventurero, embarcó también como polizón a América.)

Ignacio trabaja en Veracruz como mozo de cuadra y se presenta al fin como banderillero, regresando a España formando parte de la cuadrilla de Fermín Muñoz, *Corchaíto,* y, más tarde, pasando a las de *Machaquito* y *Cocherito de Bilbao.* Algún cronista destaca ya entonces su nombre como peón que se distingue por su valor en el ruedo.

En 1913 torea algún que otro novillo alternando con el gran banderillero *Magritas.* Al año siguiente un toro mata en la plaza de Cartagena a su primer maestro, *Corchaíto,* cuyo cuerpo vestido de alpaca negra es trasladado a Sevilla. Ignacio vive más cerca que nunca, hasta entonces, la tragedia de la fiesta, y

---

[5] Inútilmente investigué en el archivo de la Universidad de Sevilla a la caza del expendiente académico de Ignacio como alumno de la Facultad de Medicina, guiado por las afirmaciones erróneas que encontré en la bibliografía utilizada.

ese mismo año —el del atentado de Sarajevo y la guerra contra el Káiser— se inicia su profesión de novillero. Se presenta en Sevilla y esa tarde recibe la primera cornada grave de su vida. Figura ya como banderillero en las cuadrillas de Belmonte y Rafael *el Gallo* y pretende a la hermana de este último, con la que acabará casándose. Ya cuñado de *Joselito,* éste le cede matar un toro en una corrida celebrada en Barcelona en 1919. Al año siguiente toma alternativa y algún cronista escribe: «Este torero ha traído algo nuevo a la fiesta de los toros; la exageración del peligro, más aún: la creación del peligro.» En 1920, Ignacio torea con *Joselito* en la plaza de Talavera de la Reina y a él toca matar el toro *Bailaor,* que ha acabado con la vida de su maestro, ídolo y cuñado. En la enfermería de la plaza vela su cadáver, al día siguiente en el comedor de su casa de Madrid, en la calle de Arrieta, y después en Sevilla. Es un duelo nacional y desde la nueva poesía se sentencia:

¡Ya se acabaron los toros!
(con tono de profecía
clama *el Guerra*
desde su tierra de moros).
Ya se nubló la alegría
en la tierra.

Y Gerardo Diego trenzará su elegía:

La verónica comba, el abanico,
la larga caligrafía y precisa,
el galleo —a los hombros el hocico—
y el arrancar —trofeo— la divisa.

Rafael Alberti ha contado de qué manera escribió un poema «*Joselito* en su gloria»: «Puedo decir que de mi generación fui el primero que conoció a Sánchez Mejías... Poco antes de la fecha del centenario (de Góngora) me llamó a Sevilla. Se celebraba el séptimo aniversario de la trágica muerte de *Joselito*. Del tren, me trasladó a un cuarto del Hotel Madrid, encerrándome con llave, mientras me advertía: Ni comerás ni beberás hasta que escribas un poema dedicado a José. La velada en su honor es esta misma noche. En el Teatro Cervantes unas horas más tarde recuperaba yo mi libertad, leyéndole a Ignacio "*Joselito* en su gloria", cuartetas muy sencillas que repetí en la fiesta...»[6].

La sombra de Joselito hace difícil triunfar esos años en los ruedos españoles y Sánchez Mejías se marcha a México, donde la afición le es mayoritariamente hostil al enfrentar su figura con la del ídolo Rodolfo Gaona. A su regreso a España reaparece en Málaga en 1921, pero la atracción de México le hace volver a aquella plaza de «El Toreo». Una tarde torea con una cornada recién recibida: se ha convertido ya en el símbolo del valor, pero rodeado de una extraña impopularidad. No concede nada ni a críticos ni a público e inesperadamente anuncia su retirada y se despide en la plaza de Ávila en 1922. Se publica ese año una biografía amplia del torero y el último capítulo se inicia así: «Se va el Guardián del Vaticano. El Templo queda a merced de los fariseos»[7]. En México le han regalado un automóvil, ha comprado la finca de «Pino Montano» en Sevilla, ha hecho fortuna; pero el año 1924 vuelve a torear. Cuando al año siguiente recibe en Burgos la cornada de un toro de Miura, es ya la figura más interesante del toreo de su tiempo. Los intelectuales se acercan a él, acuden a sus corridas y Sánchez Mejías se va alejando de la pasión de los toros y vuelve a

---

6 Rafael Alberti, *La arboleda perdida. Memorias,* Buenos Aires, 1959, págs. 240-242.

7 Hasta esta época de la vida del diestro el mejor libro publicado es el de Federico M. Alcázar, *Sánchez Mejías. El Torero y el Hombre,* Madrid, 1922.

sus aficiones literarias. Cultiva las colaboraciones en revistas taurinas, escribe en *La Unión* de Sevilla y, a veces, redacta las propias crónicas de las corridas en que participa o «con el temor de un principiante que se arroja al ruedo con una muletilla escondida, les dedico a ustedes este cuento, que es como un ensayo literario». No todos los artículos, pues, son crónicas taurinas. Junto a este cuento hemos de reseñar un original ensayo a propósito del gato que regaló a Belmonte o la crónica del homenaje a don Juan Valera [8]. Comienza a escribir teatro y vuelve a retirarse, otra vez, de los ruedos, en esta ocasión tras su corrida celebrada en Pontevedra en 1927. Se ha produci-

---

[8] He encontrado los siguientes artículos publicados en el periódico *La Unión,* de Sevilla, firmados por Ignacio Sánchez Mejías:

«El gato que regalé a Belmonte», en *La Unión,* Sevilla, 9 de junio de 1925.

«Recordatorio», en *La Unión,* Sevilla, 16 de mayo de 1925.

«Los niños que juegan a ser hombres», en *La Unión,* Sevilla, 25 de junio de 1925.

«Préstame tu pluma, Galerín», en *La Unión,* Sevilla, 14 de mayo de 1925.

«Venga tu pluma, Galerín», en *La Unión,* Sevilla, 15 de mayo de 1925.

«El criterio de Don Criterio», en *La Unión,* Sevilla, 1 de mayo de 1925.

«Los dos compadres», en *La Unión,* Sevilla, 7 de mayo de 1925.

«Ése es el hijo del amo», en *La Unión,* Sevilla, 15 de mayo de 1925.

«El toro embolado de Coimbra», en *La Unión,* Sevilla, 28 de abril de 1925.

«El homenaje a don Juan Valera», en *La Unión,* Sevilla, 26 de junio de 1925.

«La casa de todos los toreros», en *La Unión,* Sevilla, 11 de junio de 1925.

«El que no quiera que le cojan, que se meta a obispo», en *La Unión,* Sevilla, 8 de julio de 1925.

«En Melilla no se puede chaquetear», en *La Unión,* Sevilla, 13 de mayo de 1925.

do ya el «mitin pro Góngora en Sevilla» e Ignacio estrecha su amistad con los componentes de la generación literaria de 1927. Es ya el torero de Lorca y de Alberti, de Diego y de Salinas, de Guillén y de Dámaso Alonso, que andando el tiempo será confundido con el diestro Dámaso González, y algún crítico al hacer la crónica de la corrida que torea este último desliza por error el nombre del crítico gongorino, ¡que nunca se vistió con el traje de luces! Ignacio lee también las *Soledades* del cordobés y alienta —más de lo que podemos suponer— la creación literaria de Fernando Villalón, que siempre le consulta y comunica todos esos proyectos poéticos que le crecen en su garrocha. Pero, además, Sánchez Mejías sintió desde niño una irresistible vocación literaria. Esos artículos publicados, dos conferencias pronunciadas, unos ensayos que titularía *Impresiones de cosas de galgos* e *Impresiones de la plaza,* son pruebas de esta vocación. Pero fue en el teatro donde Ignacio polariza sus aficiones literarias.

A raíz de las jornadas sevillanas gongorinas de 1927 escribe lo que denomina «juguete trágico en tres actos y en prosa» bajo el título, muy comercial entonces para la cartelera, de *Sinrazón,* que estrenan María Guerrero López y Fernando y Carlos Díaz de Mendoza Guerrero en el Teatro Calderón, de Madrid, el 24 de marzo de 1928. Esa mañana Melchor Fernández Almagro se fotografía con el torero a la puerta del Calderón con el cartel del estreno a la espalda. La presentación del torero-autor es un acontecimiento. La obra se publicará posteriormente en

---

«La primera de Jerez», en *La Unión*, Sevilla, 24 de abril de 1925.
«Contestando a una campaña», en *La Unión*. Sevilla, 18 de mayo de 1925.
«La corrida de Santoña», en *La Unión*, Sevilla, 25 de julio de 1925.

la colección de «El Teatro Moderno», que dirige Luis Uriarte[9]. Rafael Alberti evoca el momento: «De pronto, un acontecimiento sensacional me llevó nuevamente a estrechar filas con los amigos: la compañía de don Fernando Díaz de Mendoza —de luto aún por la muerte de doña María Guerrero— anunciaba el estreno de *Sinrazón,* primera obra dramática de Ignacio Sánchez Mejías. Expectación en el mundo literario, pero mucho mayor en el taurino... Por fin sonó un clarín, digo, se abrió el telón, produciéndose un instantáneo silencio... Ahora, a más de treinta años de aquella noche memorable, yo no la recuerdo. No era, como esperaba el público, de ambiente taurino. Sucedía en un manicomio: un problema de locura o razón, que Ignacio resolvía gallardamente como en su mejor tarde de lidia. Un raro éxito, además del primer intento de teatro freudiano en la lengua castellana. Al final del último acto, aquel público del tendido de sol dispuesto a reventar al gran espada, se volcó en aplausos y ovaciones, redoblados con más vigor cuando Sánchez Mejías salió a escena para dar las gracias[10]. Los escritores se movilizan en airear las reseñas críticas del estreno: Enrique de Mesa, Melchor Fernández Almagro, Manuel Abril, Ernesto Díez Canedo, Roberto Castrovido, Jorge y José de las Cuevas, Luis Calvo... La obra pasa a provincias y fue presentada con éxito en Valencia.

Pocos meses después Ignacio estrena en el Teatro

---

[9] Ignacio Sánchez Megía *(sic), Sinrazón,* Madrid, 1928. Prensa Moderna (Imprenta Sáez Hermanos), 35 págs., más 6 págs., con juicios críticos sobre el estreno de la obra. 50 céntimos.

Ramón Esquer Torres, *La colección dramática «El Teatro Moderno»,* Madrid, 1969. (Anejos de la revista *Segismundo,* 2), páginas 131-132 (colección «El Teatro Moderno», año IV, núm. 145, correspondiente al día 9 de abril de 1928).

[10] Rafael Alberti, *La arboleda perdida...,* cit., págs. 274-275.

Pereda, de Santander, el día 8 de agosto, su segunda obra teatral, *Zaya,* que vuelve a representar la misma compañía Guerrero-Díaz de Mendoza, obra que permanecía inédita hasta su publicación en este volumen. La comedia había sido leída antes, sin que lograse alcanzar la representación, a la compañía de Artigas. Al estreno de la obra en Santander asisten los reyes. El autor teatral se afianza y cobra bríos para redactar una tercera comedia titulada *Ni más ni menos,* que un grupo de amigos ensayan con sus hijos en la finca sevillana de «Pino Montano», sin que posteriormente fuese estrenada ni publicada hasta hoy como la anterior, al igual que acontece con la comedia *Soledad,* pues también permanecía inédita[11].

En estos años alterna esta creación literaria con otras actividades deportivas que le llevan a la presidencia del Real Betis Balompié. Ignacio alterna los toros con el teatro y ambas actividades con la práctica del juego del polo, la pasión por el automóvil o la avioneta. En su finca de «Pino Montano» festeja al escritor Armando Palacio Valdés. En 1929, en Nueva York, reanuda su amistad con Federico García Lorca, que este año está en Columbia University, y conoce a Federico de Onís y a León Felipe. Lorca armoniza entonces varias canciones que *La Argentinita,* con el *duende* de sus pies, sus manos y su voz, grabará para «La Voz de su Amo»: *Los cuatro muleros, Los pelegrinitos, El Café de Chinitas, Sevillanas...* La amistad del torero con la bailarina, a la que conoció años atrás en México, se intensifica y asiste a la fiesta que en su honor organiza el Ins-

[11] Se da la circunstancia de que *Zaya* es la única obra de Sánchez Mejías que figura inscrita en el Registro de propiedad intelectual de la Sociedad General de Autores de España, en la que no figuran noticias de las otras dos y tampoco manuscrito o copia de *Zaya* por no ser preceptiva en esos años su presentación.

tituto de las Españas de Nueva York y que se celebra en Philosophy Hall, fiesta en la que Lorca leyó, por vez primera, algunas poesías de su *Poema del cante jondo*.

Impulsado por sus amigos escritores, Ignacio decide examinarse de las seis asignaturas que tiene pendientes para acabar sus estudios de bachillerato, lo que realiza en septiembre de 1929 en el Instituto de segunda enseñanza de Huelva [12].

En 1931 asiste a la lectura de la obra de Ángel Lázaro *Proa al sol,* en el Hotel Alfonso XIII de Madrid; asisten con Ignacio la actriz Lola Membrives, el poeta Manuel Machado y Cristóbal de Castro, entre otros.

En 1932, Ignacio Sánchez Mejías vuelve a figurar junto a la plana mayor de los poetas del 27, que despiden en la estación de Madrid al poeta Rafael Alberti y a la escritora María Teresa León, que marchan a París, pensionados por la Junta para Ampliación de Estudios, para investigar sobre el movimiento teatral europeo de la época. E inusitadamente, Ignacio Sánchez Mejías, con casi cuarenta y cinco años, algo gordo, frecuentador de literatos y él mismo autor teatral que comienza a ser considerado, decide volver a los toros. «Un día cualquiera de finales de 1933 —escribiría años después Alberti—, Ignacio Sánchez Mejías anunció a todos los amigos su propósito de volver al toreo. Nos espantamos. No era posible. Iba a cumplir cuarenta y tres años. Había salvado la vida hasta entonces, cosida su hermosa y esbelta figura de esas tremendas cornadas que tantas veces le llevaron al borde de la muerte. Pero la llamada del toro en medio de la arena con sol tenía para él, seguramente, mucho más

[12] Instituto de Enseñanza Media «La Rábida» de Huelva. Archivo. Expediente del alumno Ignacio Sánchez Mejías. Letra S, número 348.

atractivo que las fingidas luces del teatro, al que se había entregado con pasión los años de su retirada. Y hacia allá fue, derecho, fascinado, camino de aquellas cinco en punto de la tarde que le harían derramar su sangre para siempre en un pequeño ruedo provinciano, cuando ya el sol apenas si relumbra en las banderas altas de la plaza»[13].

Ignacio reaparece el día 15 de julio de 1934 en Cádiz y el 22 de julio y el 5 de agosto en San Sebastián y Santander, respectivamente. Toda la Universidad de verano se moviliza. A la corrida de Santander acuden José María de Cossío, Jorge Guillén, Rubio Sacristán, Gómez Orbaneja y una hispanista francesa que se sonroja ante el torero: Marcelle Auclair.

Muchos años después, Marcelle Auclair —viuda del escritor Jean Prévost— y su hija Françoise escriben en común un libro delicioso y originalísimo en el que Marcelle confiesa a su hija cómo tuvo tres hombres en su vida: el señor X, Jean Prévost e Ignacio, y le revela cómo le conoció una noche en casa de Jorge Guillén, durante una lectura de *Bodas de sangre,* de Federico García Lorca, cuando ella regresaba a Francia: «Marcelle, me dijo Ignacio, Federico me avisará inmediatamente de tu vuelta. De hoy en adelante, yo quiero verte todos los días de mi vida»[14]. En otro lugar Marcelle Auclair ha disparado su fotografía de Ignacio: «Ignacio: traje verde almendra, una camisa rosa, los gemelos, dos rubíes en forma de cabeza de toro y su pesada cigarrera grabada con los hierros de las ganaderías. Pero Ignacio en París aparecía tan rigurosamente vestido de azul marino como el árbitro de la moda en ese momento:

---

13 Rafael Alberti, *Poesías Completas,* Buenos Aires, 1961, página 520.

14 Marcelle Auclair y Françoise Prévost, *Memoires a deux voix,* París, 1978, pág. 222.

Anthony Eden... No intentaba seducir, era la seducción misma»[15].

Algún autor de memorias ha recordado aquella tarde de su corrida en Santander con Marcelle Auclair entre los asistentes a la Universidad Internacional que acudieron a los tendidos de la plaza: «El diestro intelectual es ovacionado al hacer el paseo con su cuadrilla. Con su traje de luces, azul y oro, tiene una apostura magnífica de torero y gran señor...»[16], acaso —y la apostilla es mía— el mismo gran señor que en su tiempo fuese el padre de Jorge Manrique, para cuya muerte éste compuso sus coplas, su *llanto* medieval. Y el día 11 de agosto torea en Manzanares sustituyendo a Domingo Ortega —el otro torero de los intelectuales de entonces—. Los toros eran de Ayala y al pasar Ignacio por Madrid, bajando de Santander hacia la Mancha, compra el diario *ABC* de aquel día y en su portada escribe con grandes letras, a lápiz, la información que le brindan, puesto que ningún detalle conocía de una corrida en la que no había pensado torear: «Toros de Ayala». Y el primer toro de Ayala, aquella tarde —*Granadino* de nombre— lo engancha por la ingle y lo voltea. Tras la cura en la enfermería de la plaza es trasladado a Madrid y ni la sangre del diestro Pepe Bienvenida, que le inyectan en transfusión, logra salvarle, muriendo el día 13, él que siempre había sido tan supersticioso. Los periódicos dan a la vez las noticias de la muerte del torero sevillano y la del hijo menor de Alfonso XIII, don Gonzalo de Borbón, en Austria. Son los días del triunfo de Adolfo Hitler en el plebiscito alemán.

---

15 Marcelle Auclair, *Vida y muerte de García Lorca,* traducción de Aitana Alberti, México, 1972, pág. 19.

16 Carlos Morla, *En España con Federico García Lorca,* Madrid, 1957, pág. 396.

## EL MITO

Jorge Guillén y su esposa Germaine reciben la noticia de la muerte de Ignacio en «Villa Matilde»; actúa *La Barraca,* de García Lorca, en Santander, en una noche en que todos los ojos coinciden en la visión del torero muerto. Federico y Marcelle Auclair hablan de Sánchez Mejías en Somo y vuelven a cambiar palabras de dolor con Pedro Salinas y con Guillén, con Eduardo Ugarte y Rubio Sacristán. Nacen ya los primeros versos del portentoso poema de Lorca. El día 3 de noviembre, Federico recita por vez primera a un grupo de amigos el *Llanto por Ignacio Sánchez Mejías*. El día 12 de marzo de 1935, con motivo de la representación centenaria de *Yerma,* en el Teatro Español, el actor Borrás declama la elegía fúnebre de Lorca. Pepe Caballero dibuja su retrato para la edición del poema que patrocina la revista *Cruz y Raya*[17].

Y navegando por el mar Negro, Rafael Alberti recibe la noticia de la muerte del torero, y en el barco

---

[17] Federico García Lorca, *Llanto por Ignacio Sánchez Mejías,* Madrid, 1935 (Ediciones del Árbol de *Cruz y Raya),* 22 páginas más 3 láms., con dibujos de José Caballero. La 2.ª edición del poema se publicó en 1937 por la Editorial Latina, de Lima, al cuidado de José López Garmendía juntamente con la edición de *Yerma*. La 3.ª edición corresponde al volumen IV de las *Obras Completas* del poeta, editada por Losada, en Buenos Aires, en 1938. A partir de dicha fecha se suceden las nuevas ediciones del poema, acaso el de mayor fortuna lorquiana en la discografía en la que ha sido ofrecido en las voces de Gabriela Ortega, Francisco Rabal, Alejandro Ulloa, Fernando Fernán Gómez, Nuria Espert, Juan José... que cierran, por ahora, una relación en la que destaca la voz inconfundible de Berta Síngerman.

Roger D. Tinnell en su *Catálogo-Discografía de las Canciones populares antiguas y de música basada en textos lorguianos* (New Hampshire, 1986) enumera las siguientes piezas, demostración palpable de la difusión del poema de Lorca:

Ballet. Música: Georges Bizet-Jerome Moross. Coreografía: Ruth Page, Bentley Stone. Título del ballet: «Guns and Castanets». 1939.

que le lleva de Roma a México escribe los versos de su poema *Verte y no verte*, que firma a la llegada en la plaza de toros «El Toreo», de México, el 13 de

---

Ballet. Música: Norman Lloyd. Coreografía: Doris Humphrey. Título: «Lament for Ignacio Sánchez Mejías». 1946.
Ballet. Música: L. Engel.
Ballet. Música: Silvestre Revueltas. Coreografía: Anna Sokolow. Título: «Homage to Federico García Lorca». New York, 1973.
Canción para soprano y piano. Música: Miklos Kocsar. 1966-67.
Cantata para coro, instrumentos y solista. Música: Hermann Rechberger. 1972-73.
Composición. Música: Luigi Nono. Parte de «Epitaffio per García Lorca». 1951-3.
Composición para coro. Música: Fernando Remacha.
Composición para soprano, barítono, narrador y orquesta de cámara. Música: Stefan Wolpe. Título: «Klagesang für Mejías». 1945.
Composición para recitador y cinta magnetofónica. Música: Roberto Gerhard. Título: «Lament for the Death of a Bullfighter». 1959.
Composición para recitador, barítono, orquesta y coro. Música: Stavros Xarhakos. Traducción griega: Nikos Gatsos.
Composición para recitador y orquesta. Música: Eric Feldbusch. 1964.
Oratorio. Música: Maurice Ohana. Título: «Lamento por Ignacio Sánchez Mejías». 1950.
Ballet de tres partes coreografiado por Juan Giuliano. 1972.
1. Amour de Don Perlimplin.
2. Noces de sang.
3. Ignacio Sánchez Mejías.

Las cinco de la tarde *(Llanto por Ignacio Sánchez Mejías)*.
Surf cha-cha. Música: Librado y Julio Salgado, Martín Criado. 1966.

Y su sangre ya viene cantando *(Llanto por Ignacio Sánchez Mejías)*.
Composición para flauta y orquesta. Parte de «Epitaffio per García Lorca». Música: Luigi Nono.

Por otra parte, figuran entre los traductores específicos del *Llanto por Ignacio* Enrique Beck (alemán), Pierre Darmangeat, Rolland Simon, Guy Lèvis Mano, Félix Gattegno (francés), Carlo Bo, Elio Vittòrini (italiano), Stephen Spender, S. L. Gili, A. L. Lloyd, A. S. Ferguson, L. Mallan, Dennis Hessing (inglés), Lász-

agosto de 1935, fecha del primer aniversario de la muerte del torero en Manzanares[18]. Ha nacido el mito. Ya Fernández Ardavín había publicado un poema a la muerte del torero a los pocos días de la tragedia de Manzanares[19]. Otro poeta de la generación del 27, Gerardo Diego, consagraría un nuevo poema titulado «Presencia de Ignacio Sánchez Mejías»[20]. José del Río y Benjamín Peret consagran otros poemas al torero. Y a lo largo del tiempo el *Llanto* de García Lorca se inmortaliza en ediciones de lujo y cobra vida en discos y *cassettes,* en traducciones, adaptaciones y versiones plásticas. En la Pineta de la isla de Ischia una noche cobraron vida sus versos en adaptación teatral[21]. Francisco Bores ilustraría una magnífica edición bilingüe —castellana y alemana— del poema y John Fulton Short, en el libro *Lament for the Death of a Matador,* nos ofrece la gran publicación de homenaje en la que se cruzan las colaboraciones de José María de Cossío, Robert Vavra y Roy Campbell entre la traducción inglesa del poema de Lorca, impresionantes fotogra-

---

lo András (húngaro), George Cioranescu (rumano), Eugenio de Andrade (portugués), Kiitos Kyron (griego), Willy Godenne (neerlandés), etc. Independientemente de las múltiples traducciones, en las que se incluye el poema, de obras completas, poesías o antologías de la obra lorquiana.

[18] Rafael Alberti, *Verte y no verte. A Ignacio Sánchez Mejías,* México, 1935 (Impresor Miguel N. Lira), 24 págs., s. n., con dibujos de Manuel Rodríguez Lozano. La 2.ª edición del poema se publicó en 1936 en las Ediciones del Árbol de *Cruz y Raya.* En 1938, el poema se incorpora al tomo de *Poesía 1924-1937,* Madrid, 1938 (Editorial Signo).

[19] Luis Fernández Ardavín, «En la muerte de Sánchez Mejías», en *ABC,* Sevilla, 21 de agosto de 1934. (Reproducido en *Ignacio Sánchez Mejías.* Edición «Torerias», Madrid S. A.)

[20] Gerardo Diego, *La Suerte o la Muerte,* Madrid, 1963, páginas 33-35.

[21] Antonio Gallego Morell, *Malaparte, Picasso y otros 40 ensayos,* Madrid, 1975 (capítulo: «Teatro español en Ischia»), páginas 38-41.

fías del diestro y las ilustraciones[22] de John Fulton Short inspiradas en el *Llanto* lorquiano. La iconografía del torero se multiplica tras el retrato de José Caballero: Mariano Cossío, Daniel Vázquez Díaz; algunos dibujantes, como Martínez de León, captaron algún apunte del natural y el *Llanto* de Lorca mereció innumerables versiones plásticas[23] y, en 1982, la Institución Cultural de Cantabria publica la edición facsímil del manuscrito del poema de Lorca que se conserva en la Casona de Tudanca, con textos de Dámaso Alonso, Jorge Guillén, Gerardo Diego, Rafael Alberti, José María de Cossío y Rafael Gómez[24].

Miguel Hernández compone una elegía para Sánchez Mejías inmediatamente después de la tragedia de Manzanares[25] y en octubre de 1934 tiene acabado su obra teatral en verso *El torero más valiente,* sobre el mismo poema, que envía sin éxito a Bergamín para su publicación en la revista *Cruz y Raya* y que le dedica. Tampoco logra, pese a sus esfuerzos, que se la estrenen. Está montada sobre unos pretendidos celos artísticos de Ignacio y su cuñado *Joselito*

---

22 *Lament for the death of a Matador. Four paintings by John Fulton Short based on the Poem Llanto por Ignacio Sánchez Mejías by Federico García Lorca,* Barcelona, 1964, 44 págs., con ilustraciones más 4 láms. en color fuera del texto.

23 Manolo Garvallo, *Muerte de Ignacio Sánchez Mejías. Poesía xilografiada,* Málaga, 1966. Múltiples ilustraciones para el *Llanto,* de Lorca, aparecen reproducidas en el catálogo *El Arte de la Ilustración (Dedicado a la obra de Federico García Lorca),* Granada, 1973.

24 Federico García Lorca, *Llanto por Ignacio Sánchez Mejías,* edición facsímil del manuscrito autógrafo con textos de Dámaso Alonso, Jorge Guillén, Gerardo Diego, Rafael Alberti, José M.ª de Cossío y Rafael Gómez, Madrid, 1982, 100 págs.

25 Según Agustín Sánchez Vidal la envió al diario *ABC.* Se titulaba «Citación fatal» y fue rechazada por el periódico su publicación.

y es de lo más endeble de toda la producción del poeta de Orihuela[26].

El héroe del poema ha crecido de la mano del poeta, del juglar moderno y del pintor y ha traspasado la frontera de la leyenda. Apenas recuerda nadie al Sánchez Mejías autor teatral; y eso que era noticia la de un torero que salía a saludar al escenario, aunque sin dar la vuelta al patio de butacas, después del estreno de sus obras.

## LOS TOREROS-ESCRITORES

No han sido frecuentes los toreros-escritores, pero tampoco es Sánchez Mejías un ejemplo solitario. Ya Mazzantini, en 1904, publicó un artículo de excelente calidad literaria: «El descanso y los toros», en pro de la celebración de corridas los domingos; y el picador de toros *Badila,* al retirarse *Guerrita* de los ruedos, colaboró en el libro *Guerrita según varios escritores y aficionados.* José Bayard fue, en la historia taurina, una figura múltiple e interesante: picador, rejoneador, torero a pie y a caballo, cantante y cómico; también probó fortuna con la pluma. Otro picador con aficiones literarias fue Antonio Ramírez, *Memento.* Un toro le dejó cojo y la tarde de su retirada el actor Riquelme le cortó la coleta en Barcelona. Intentó escribir teatro, estrenando la pieza *Joaquina,* pero acabó inaugurando una profesión hasta entonces inédita en España: la de detective privado. Si Agatha Christie, Simenon o el García Pavón de *Plinio* hubiesen conocido su historia, en algunas de sus novelas hubiese aparecido la figura de este picador al que un toro inutiliza un pie, por lo que ejerce de policía y detective en la Barcelona de los primeros brotes anarquistas, para acabar sus días de al-

---

[26] Miguel Hernández, *El torero más valiente,* Madrid, 1986.

calde en un pueblo sevillano durante la época de la Dictadura de Primo de Rivera. También Enrique Vargas, *Minuto,* tras retirarse de los toros colaboró en las revistas taurinas de los días de la guerra europea publicando diversos folletos de tema taurino, al igual que en nuestro tiempo Antonio *Bienvenida* también cultivó, y con cierto estilo, la literatura taurina. Pero acaso el torero-escritor que más éxito alcanzó —aparte naturalmente Sánchez Mejías— en su vertiente literaria fuese Enrique Ortega, *el Cuco,* dándose la circunstancia de que *el Cuco* comenzó también siendo banderillero como Ignacio, marchó con él a México y figuraron los dos en la cuadrilla de *Joselito,* casándose ambos con dos hermanas del gran torero. *El Cuco* estrenó en Madrid, en 1918, un sainete, *El triunfo de Manoliyo,* que logró notable éxito. Pero, salvo Mazzantini, que sí era lo que podríamos denominar un hombre de letras, puede afirmarse que hasta llegar a Ignacio Sánchez Mejías no encontramos, entre el largo inventario de diestros que han pisado los ruedos —y que José María de Cossío ha ordenado con larga riqueza informativa—, a un auténtico escritor[27].

## «SINRAZÓN»

Sánchez Mejías no se presenta como autor teatral con una obra de tema taurino ni de ambiente andaluz. Y esto fue lo que desconcertó. «Es muy interesante —escribiría el crítico "Alejandro Miquis"— que al llegar por primera vez a un escenario español, cansado de recorrer durante muchos años los de otros países, Freud sea llevado por un matador de toros, enteramente novicio en literatura dramática y

---

[27] José María Cossío, *Los Toros. Tratado técnico e histórico,* Madrid, 1960, tomo III (4.ª edición).

casi igualmente novel en todo género de literatura»[28]. Porque, en efecto, con esta primera obra teatral que Ignacio acomete, *Sinrazón,* Sánchez Mejías es el primer autor de teatro español que aborda de lleno el tema del psicoanálisis, únicamente tocado por esporádicas alusiones en el teatro de Benavente, al que —¡cómo no!— también asoman de vez en vez médicos que hablan de procedimientos curativos como aquel personaje que Ibsen hace hablar en *Pato silvestre,* que empleaba el procedimiento de las «mentiras vitales» como terapéutica de la dolorosa aventura de la existencia. *Las Adelfas,* de Antonio y Manuel Machado, se estrena después de *Sinrazón,* el 22 de octubre de 1928, por la compañía de Lola Membrives y no se publica el texto hasta noviembre del mismo año en la colección «La Farsa»[29].

Los espectadores esperaban encontrar en la obra del entonces ex matador de toros un rincón cualquiera de la Sevilla de la plaza de la Maestranza y Sánchez Mejías los llevó al imaginario *Manicomio-Palacio de la Reina Beatriz.* El telón se alza con una voz de Nietzsche, en el ambiente de laboratorio moderno, con las batas blancas de médicos y ayudantes, de una clínica psiquiátrica. Es el día en que se da de alta a un paciente curado por el *Doctor Ballina,* partiendo de una terapéutica elemental: descubrirle el origen de su enfermedad. *Don Manuel,* el enfermo aparentemente curado, ha decidido fundar una Casa de Salud —el Palacio de la Reina Beatriz— «por ser la pobre loca, que se cree la reina, la primera que se instalará en él... Vamos a crear una leyenda y a darle vida». Y despiden al loco curado

[28] «Alejandro Miquis», «Semana teatral: *Sinrazón*», en *La Esfera,* Madrid, 31 de marzo de 1928, núm. 743, pág. 9.

[29] Antonio y Manuel Machado, *Las adelfas,* Madrid, 1928 (colección «La Farsa», año II, núm. 62, correspondiente al día 10 de noviembre de 1928, Rivadeneyra, 98 págs., 50 céntimos).

médicos, ayudantes y monjas, cerrándose el acto de forma magistral con la entrada del pelotón de enajenados que se creen cosacos y coraceros, reina y capitán. Y baja el telón del primer acto con este final de auténtica orgía. Que el primer acto esté logrado es típica construcción de todo teatro escrito por noveles, aunque en este caso el novel tenga edad y experiencia, muchas cornadas y recién nacidas ilusiones. Y entra en funcionamiento el Manicomio-Palacio de la Reina Beatriz, en que la dirección tiene la misión de poner al servicio de los enajenados cuanto pueda realizar sus sueños, y así al que se figuraba ser el mayor comerciante del mundo se le instala un establecimiento por el que había de pasar cuanto se consumiese en la casa; pero un día el comerciante fingido estima que le van mal los negocios por culpa de la tiendecilla que fuera del edificio tiene abierta *Perico el extraño:* nótese que el autor instala al personaje cuerdo en una zona equívoca —*Perico el extraño*— frente a *Collerón* sin más apelativos, que es el comerciante que está loco. Y éste inicia una revolución para que las *tropas* del manicomio salgan a la calle para incendiar la tienda de la competencia. *Don Manuel,* el loco fundador de la casa, defiende sus métodos frente al *Doctor Ballina,* que estima que se está yendo demasiado lejos descuidando el método del psicoanálisis que diga la verdad al enfermo, y comienza así la lucha entre el dejarlos soñar al margen de un mundo a ras de tierra o decirles las verdades, y entre esa tensión irrumpe el grito que vuelve a convertir la escena en un auténtico guiñol: «¡Paso a la reina! ¡Guardias! ¡Formad!», y entonces aparece la *Reina* vestida de reina a los acordes de una marcha americana, una reina que siempre está esperando a un rey que no llega y que ya comienza a dudar de este tinglado porque el médico le va descubriendo que el rey no existe o algo mucho más grave: «El médico me ha dicho que yo no soy reina, que quiero serlo porque me enamoré siendo una niña del rey y quiero casarme con él... Dice que no me voy a casar. Que el rey no puede casarse conmigo. Que me puedo casar con un hombre cualquiera: un abogado, un ingeniero, un médico...» *Don Manuel,* el director, se escandaliza y dirigiéndose a ella, dándole naturalmente el título de reina, afirma: «El médico —el cuerdo *Doctor Ballina*— está loco. No hacedle caso. Aquí están vuestras tropas. Vuestro trono. Vuestros ministros. Vuestro palacio...», y un toque de clarín parece que anuncia la llegada del rey, pero quien llega es la realidad otra vez del *Doctor Ballina,* que pregunta: «¿Dónde va la loca?», y *Don Manuel* le ataja: «No, doctor, nada de locos. La terrible palabra no se oirá nunca en nuestro palacio. Vamos a darle vida a una leyenda. La locura es un sueño continuo.» En el tercer acto el *Doctor Ballina* casi tiene convencido al loco que se cree *Obispo* —otro de los personajes de la obra— de que no es obispo tras escudriñar en los recuerdos de su niñez y surge el drama: el falso *Obispo* rompe el sueño hecho realidad en el proyecto de *Don Manuel:* «Yo no soy obispo. Yo soy un enfermo. Yo soy un loco.» Y surge el tema clave de la obra: «¿Qué es verdad?, ¿cuál es la verdad?» Y uno de los ayudantes del manicomio-palacio corta el diálogo, escandalizado: «El Señor Obispo, que se ha vuelto loco. Se ha quitado los hábitos y va por el jardín vestido de boticario... El loco con la pena es cuerdo. Y esto se contagia. Y aquí no va a quedar ni un cuerdo. Y este palacio se acaba.» En efecto, la *Reina* acaba confesando al *Doctor* el sueño de su última noche, en el que por fin ha soñado con un hombre que no lleva corona: con el propio *Doctor Ballina,* del que se está enamorando y confía en su curación. Las palabras del *Doctor* —(«Y puedes creerme. Tú estás enferma y yo voy a curarte»)— las oye también *Don Manuel,* que mata al *Doctor,* acabando la obra con una orquestación en que todos echan la culpa de la muerte al rey y recobra el manicomio la dimensión que presidió su fundación. Freud ha sido vencido. El loco no estaba curado e impone las falsas verdades de la aventura a la que quiere dar realidad.

El *Doctor Ballina* puede ser en la vida real el doctor Gonzalo Lafora, que intervino con unas palabras la noche del estreno en el Teatro Calderón y cuya actuación mereció la crítica adversa de Manuel Abril. Gonzalo Rodríguez Lafora nació en Madrid en 1886[30] y tras cursar la carrera de Medicina en la Facultad de San Carlos estudió en la Clínica Psiquiátrica de la Charité de Ziehen, en Berlín; después en Munich con los doctores Kraepelín y Alzheimer, de Heidelberg, sustituyendo en Washington al doctor Achúcarro como histólogo, y en 1912 regresa a Madrid insertándose en el cuadro de la «frenopatía» madrileña de aquellos años; realiza viajes de conferencias por Sudamérica, funda en 1925 el Instituto Médico-Pedagógico y el Sanatorio Neuropático de Carabanchel, asistiendo en ocasiones a la tertulia de la *Revista de Occidente* como amigo que era de Ortega, frecuentando los estrenos teatrales; se le recuerda en el intermedio las noches de *Bodas de Sangre* y de *Yerma,* de Lorca, en el Beatriz y en el Español, pero su biógrafo no ofrece referencia alguna sobre esa intervención de Lafora la noche del estreno de *Sinrazón.* Sin embargo, es interesante esbozar su figura y aventurar esa posible inspiración de la propia figura de Lafora y de su entorno en el mundo evocado en la obra teatral de Sánchez Mejías.

Era inevitable que en muchas críticas se jugara con el símil taurino: «Esta corrida era, señores, como ya se anunciaba en los carteles —y ¡con qué calificativo de justeza y buen estilo!— un juguete

---

[30] Luis Valenciano Gaya, *El doctor Lafora y su época,* Madrid, 1977.

trágico. ¡Por algo aprendió en los toros este hombre! La fiesta de los toros es también juego trágico de verdad. Por eso creemos nosotros que no podrá un médico jamás entender las obras de un torero. Son opuestos. El torero juega con la vida propia y el médico con la ajena»[31]. También podría inspirarse la figura del *Doctor Ballina* en el doctor Laffite, director del manicomio de Sevilla, que tanto frecuentó Ignacio cuando escribía su obra, al igual que nos ha puesto de relieve Gregorio Marañón que hacía el Greco cuando pintaba sus figuras.

La obra logró éxito. Fue traducida al alemán por Eduardo Foertsch y al portugués por Rogelio Pérez. Al día siguiente del estreno, Ignacio Sánchez Mejías asiste al banquete organizado en honor de Ramos de Castro, antiguo crítico taurino y entonces autor teatral, y el torero, que estrenó la noche anterior, fue la figura central del banquete. Eran los días del vuelo de *El Jesús del Gran Poder*, de Jiménez e Iglesias. Cuando en una reunión de amigos Rafael Alberti lee su drama *Santa Casilda* y Maruja Mallo muestra los bocetos de decorados que ha preparado para dicha obra, el tema de la conversación es también la pieza teatral de Sánchez Mejías. Morla, en cuya casa se celebra la reunión, evoca al torero: «Escritor del más fino intelecto, poeta, artista, gran señor y, por encima de todo, torero prodigioso, torero de verdad. Hombre que sólo puede producir España»[32].

Pero, ¿habría leído Sánchez Mejías el Pirandello de *Enrique IV* o de *Así es si así os parece?* ¿Leyó *El pato silvestre,* de Ibsen, y *La comedia de la felicidad,*

---

[31] Manuel Abril, «Lidia de tres toros bravos y otros varios embolados por el diestro —nuevo en esta plaza— Ignacio Sánchez Mejías (El psicoanálisis chico)», en *Buen Humor,* Madrid, 8 de abril de 1928, págs. 18-19.

[32] Carlos Morla, *En España con Federico García Lorca,* Madrid, 1957, pág. 47.

de Nicolás Euvreïnoff? Por otra parte, muchos elementos originales de *Sinrazón* coinciden con *El hombre misterioso,* de André de Lorde y Alfred Binet, que se da la circunstancia fue compañero de Freud en la clínica de Charcot. En la obra de Sánchez Mejías encontramos más técnica teatral e intuición dramática que pura calidad literaria y filigrana de lenguaje: cabalmente al contrario de lo que acontece en todo escritor novel y ocasional. Para él lo fácil hubiese sido trazar un cuadro de costumbres e hilvanar la pura anécdota como hilo argumental: algo de lo que hará en su segunda obra teatral, *Zaya.* Pero Sánchez Mejías evita este fácil camino y se presenta como escritor de vanguardia que elige como tema una farsa de locos, en línea —dentro exclusivamente de lo español— con *Tararí,* de Valentín Andrés Álvarez, publicada por *Revista de Occidente,* y *Tic-tac,* de Claudio de la Torre, ambas estrenadas con posterioridad a la puesta en escena de *Sinrazón.* Por otra parte, el loco sí ha sido figura traída al teatro por Benavente o Muñoz Seca. Pero en el caso de *Sinrazón* el tema, no es el protagonista, sino el ambiente, la colectividad: eso es lo más original y nuevo de la obra.

*Sinrazón* es obra que debemos situar en el marco de lo que podríamos denominar «la influencia de Freud» en las letras españolas, condicionada por la temprana traducción al español de su producción [33]. Los experimentos teatrales de Azorín, *Las Adelfas* de los Machado, *Tararí* de Valentín Andrés Álvarez, algún sainete de Arniches y alguna novela de J. S. Domenchina no se explican sin el pórtico de la traducción de Freud por Luis López-Ballesteros y de Torres, empresa impulsada y prologada por Ortega y Gas-

---

33 Para valorar la importancia de la primera versión al castellano de Freud es aleccionador el libro *Memorias de un editor,* de José Ruiz-Castillo Basala, Madrid, 1972, págs. 108-113.

set. Con agudeza e intuición, C. B. Morris, atiende, al estudiar la fortuna en España del surrealismo, a esta temprana e interesante penetración de las teorías de Freud en la creación literaria española[34]. De todo el conjunto de estas obras que llevan al psicoanálisis como tema central de una obra de teatro, *Sinrazón* es por su fecha de estreno y de publicación la primera en el tiempo, excepción hecha de *Brandy, mucho brandy,* de Azorín, que se publicó en 1927. La bibliografía sobre la fortuna del psicoanálisis en las obras de creación española es casi inexistente, excepción hecha de algún artículo sobre *Las Adelfas* de los Machado[35]. Pero *Sinrazón,* la obra más interesante y más temprana que se plantea el tema como elemento central, no ha merecido la atención de la crítica porque realmente no era frecuente ni fácil llevar a la mesa del investigador o del crítico la producción literaria de un afamado torero.

## «ZAYA»

Con *Zaya,* la segunda obra de Sánchez Mejías, éste abandona la línea iniciada en *Sinrazón* y se adentra por ese camino para él más fácil que señalábamos. La obra no fue publicada y el éxito de su estreno en Santander debió de ser inferior al madrileño de *Sinrazón,* pero mucho debió hablarse del nuevo intento literario de Ignacio cuando días después de su representación se celebrara la corrida goyesca en la que torearon en la capital de la Montaña *Chicuelo,* Antonio Márquez y *Cagancho.* Sobre todo porque en esta ocasión Sánchez Mejías llevaba al es-

---

34 C. B. Morris, *Surrealism and Spain* (1920-1930), Cambridge, 1972, págs. 34-40.

35 Carlos Feal, «Los Machado y el psicoanálisis», en *Ínsula,* número 328, Madrid, 1974, págs. 1 y 14.

cenario el mundo de los toros. Y si era arriesgado adentrarse con el tema de la farsa de locos, este otro tema era aún más peligroso, no por lo que tuviese de inédito, sino por el historial de ese mundo de los toros que se venía presentando como tópico y adocenado en los escenarios españoles.

Aparte de las esporádicas alusiones de lo taurino en el teatro español del primer Siglo de Oro que tienen su mayor auge con los entremesistas de la época, puede decirse que el tema no crece como tal hasta los costumbristas de los siglos XVIII y XIX y de forma más repetida con las tonadillas y canciones insertas en obras de muy distinta temática y factura, tradición que llega hasta el propio García Lorca, cuya relación en romance de la corrida de Ronda es totalmente separable del hilo argumental de su *Mariana Pineda.* En la ópera *Carmen* se eleva el tema a una nueva altura desde los géneros menores en que tanto se cultivó a lo largo del siglo XIX. Los toreros de los sainetes y zarzuelas se acompasan con las creaciones de los barristas y los pintores de cuadros de costumbres. *Pan y toros* logra el mayor éxito en los escenarios españoles y *Pepe-Hillo* es ya la consagración de lo taurino como tema central, y no ocasional, dentro de una representación teatral. Pero la grandeza de la ópera de Bizet o los intentos logrados de un Javier de Burgos, un Ricardo de la Vega o un Tomás Luceño no logran oscurecer el auge del cultivo del tema taurino en el género chico de la literatura del novecientos, que desemboca en la finura —cada día más revalorizada— de las pinturas que llevan a su teatro los hermanos Quintero. *Las estrellas,* de Arniches, es ya una pieza íntegra de tema taurino que se salva entre otra serie de intentos más o menos adocenados: los sainetes *La alternativa,* de Ángel Vergara, y *Jilguero Chico,* de Adolfo Luna. Otras zarzuelas llevan los toreros al teatro al compás de la música de los maestros Chapí o Vives.

Acaso el género languidece a la espera de que surjan unos toreros que revitalicen la fiesta y esto acontece al aparecer en los ruedos *Joselito* y Belmonte. Luis Esteso con *El rival de Belmonte* y Sánchez Cañete con el *Bello Delmonte* son exponentes de esta resurrección de un género que culmina en 1914 con *Los semidioses,* de Federico Oliver; al año siguiente, Muñoz Seca, con su gran instinto teatral, populariza el género con *El roble de la Jarosa.* En 1926 se estrena en el Teatro de la Latina de Madrid *Gitanos,* de Astrana Marín y Monteagudo, y en 1927 *La cantaora del puerto,* de Fernández Ardavín, poco antes de que Sánchez Mejías estrenase su comedia de toros *Zaya.*

Otra vez Ignacio Sánchez Mejías lleva un tema al teatro despegándose de la tradición más inmediata: *Zaya* no es la biografía de un torero, sino la historia de un torero retirado, de un torero que fue. ¿Del propio torero Ignacio Sánchez Mejías? ¿De *Zayitas,* Alberto Zayas, picador al que Ignacio bien pudo conocer en México, o del banderillero Antonio Zayas, cuyo recuerdo todavía estaría vivo en la Sevilla de la niñez de Ignacio en aquellos días en que alternaba sus lecciones con *Joselito?*

*Zaya,* o *Don Antonio,* acaba de regresar de Inglaterra y vuelve a ocuparse de los problemas agrícolas de su finca en Sevilla. Su mujer, *Bebel,* odia la antigua profesión de su marido que en el ambiente del cortijo andaluz revive a diario *Espeleta,* el antiguo mozo de estoques de *Zaya,* entonces mayordomo de *Don Antonio.* En la obra se contraponen el ayer y el hoy, las costumbres de Inglaterra y las de Sevilla, el *tennis* y los toros, la fonética y las construcciones andaluzas en el hablar de un hombre de campo, *Francisco,* o del propio *Espeleta* y las frases inglesas que el autor, en el original de la comedia, ofrece en doble texto al incluir también la transcripción para la pronunciación. La figura central de la obra es la de *Espeleta,* recuerdo del pasado y constante alusión a un tiempo perdido que se convierte en obsesión, pues a lo largo de los tres actos no existe otro *leit motiv* en la comedia que el temor de *Bebel* a que la afición a los toros prenda en el hijo del matrimonio al que, cuando tiene quince años, los gañanes del cortijo traen en triunfo porque se ha revelado como torero con una becerra en el herradero. La institutriz inglesa mantiene también junto a *Espeleta* esta certeza de que los toros existen y ambos personajes caen en desgracia con *Bebel*. *Mary,* la hija del matrimonio, ha sido ganada también por las expresiones taurinas de *Espeleta,* que ya en Inglaterra iba con los niños a verles jugar al tenis: «En Londres —cuenta Mary a su escandalizada madre— no se perdía un partido como yo jugara. Cuando me veía con la raqueta en la mano, me decía: *¿Quién es el otro mataó? — Fulano — Pos vamos a darle un repaso, que aquí no hay quien varga una perra gorda.* Cuando hacía una buena jugada me decía: *¡Olé!* A las pelotas rápidas les llamaba de Miura y a las suaves de Benjumea. Un día que recogí una pelota muy violenta, me dice muy ceremonioso: *Esa venía por el dinero de la temporá ¡Buen pase le has dao, mujé!* Al principio no lo entendíamos nadie, pero, al poco tiempo, no se hablaba de tenis más que en el lenguaje de Espeleta.» A lo largo del segundo acto se va logrando matar estas aficiones en flor a lo taurino que parecían despuntar en el joven *José Antonio,* que rehúsa ir a los toros con *Espeleta* para presenciar la presentación de un torerillo que llega precedido de fama y acude al campo de fútbol para asistir al encuentro Sevilla-Irún. Al despedirse de su amo camino de la plaza, *Espeleta* casi logra que *Don Antonio* cambie su sombrero por el de *Zaya,* que está indeciso por asistir a la corrida, pero no es posible: el autor hace bajar el telón con un *Don Antonio* entristecido que no va a la corrida, tira el sombrero ancho mientras su hijo, lejos, aplaude las jugadas del Sevilla C. F. *Zaya* sufre en silencio su apartamiento de los ruedos y se preocupa de las cosechas, amargado porque su hijo también se aparta del campo, y al final de la obra decide volver a Inglaterra. Cambridge ha vencido al recuerdo de aquella tarde de la Beneficiencia que recuerda *Don Antonio* en su conversación con *Espeleta:* «El éxito, el ruido, la zaragata... y luego, por la noche, el café con tu tertulia de taurinos: que si yo, que Bocanegra... y tú hablando en plural: nos ha tocado un toro de Valladolid... hemos matado un toro de Valencia... y tu público —que tú también tenías tu público— con la boca abierta. Y luego los trenes, las ferias, los fonduchos, los empresarios, los admiradores...» «Y las admiradoras», completa con socarrona adulación el antiguo mozo de estoques a su amo.

*Zaya* no envejece con su familia, sino con su mozo de estoques. La obra apenas tiene final, se apaga entre nostalgias. *Espeleta* entra a despedirse de su amo: se va de la casa. El hijo se va a Cambridge y *Zaya* y *Espeleta* reciben un telón muy rápido —acota el autor— fundiéndose en un abrazo. Hay en *Zaya* mucho de autobiográfico. La finca sevillana de «Pino Montano» —a la que el poeta santanderino José del Río Sainz dedica un poema— parece que fuera el cortijo en el que el viejo torero consume las amarguras de su retirada. Ignacio también tuvo un hijo y una hija como *José Antonio* y *Mary* en la comedia, y aquél sintió también la tentación de los toros.

¿El nombre de *Bebel* puede estar condicionado por el de *Bebé* la esposa de Carlos Morla Lynch cuya casa frecuentaba, en Madrid, Ignacio en los años en que escribe *Zaya,* y también frecuentada por otros toreros?

En 1928, año en que estrena esta obra, el torero no sabe si va a dejar de torear o si va a seguir caminando hacia esas definitivas «cinco en punto de la tarde». Pero Sánchez Mejías ha logrado un nuevo ambiente. Ni en *Sinrazón* ni en *Zaya* hay un personaje central, sino dos evocaciones, dos ambientes, dos entornos perfectamente logrados. Una farsa de locos y una farsa de toros. Dos intentos: el del falsamente curado *Don Manuel* pretendiendo que un grupo de locos olvide la realidad y vivan su propia fantasía; el del torero retirado *Zaya* olvidando las realidades que tiene alrededor y viviendo de la fantasía del torero que fue y en ambos casos metiéndose en los personajes. El contrapunto de las figuras de *Don Manuel* y el *Doctor Ballina* vuelve a aparecer en *Zaya* con *Don Antonio* y *Espeleta.* Mucho de autobiográfico hay en *Zaya:* cuando *Don Antonio* —que es el hacendado casado que volvió de Inglaterra, en la que parecían quedar enterradas las ilusiones pasadas del torero— habla en la comedia, quien habla no es *Zaya,* figura de ficción, sino Ignacio Sánchez Mejías, que también piensa en voz alta en *Sinrazón* por la palabra de *Don Manuel,* que no está totalmente curado de su locura como el Ignacio de su retirada en «Pino Montano» no está tampoco curado de su pasión por las tardes de corrida.

## «NI MÁS NI MENOS»

En su primera obra teatral, *Sinrazón,* Sánchez Mejías crea con las figuras de *Don Manuel* y del *Doctor Ballina* la tentación de fundir ambos personajes en uno. Si el doctor hubiese sido ganado por las extravagancias del loco se habría producido tanto la identificación como si el aparente curado hubiese aceptado el psicoanálisis del doctor. Al no aceptarse mutuamente, sólo la muerte puede resolver el drama. En *Zaya* se han fundido ya ambos personajes: el viejo torero y el flamante hacendado; y desde que se alza el telón conocemos la doble identidad. En su tercera obra, *Ni más ni menos,* Sánchez Mejías culmina este proceso: ahora ya hay una doble vida. El elegante *Lord Lister,* que se mueve en la mejor sociedad de Londres y es considerado en su club, es a la par el ladrón *Raffles,* espoleado en sus robos por la ambición de su querida *Adriana* y mantenido en su reputación social por la irreprochable corrección de su criado, envidiado por otros caballeros elegantes de un Londres que no aparece vinculado a ninguna época determinada, porque es cierto que en la España de 1928 no eran frecuentes las fiestas con whisky y soda, pero en Inglaterra, lugar de la acción de la comedia, es diferente. Los dos primeros cuadros son pura mímica, nadie habla, el autor se limita a redactar unas largas acotaciones para su puesta en escena. Cortinas negras, efectos de luces, espejos y elementos simbólicos a la manera de un auto sacramental: un ángel y un demonio. *Raffles* sólo habla por la espiral del humo de su cigarrillo. La obra se inicia cuando *Raffles* es muerto al forzar una caja fuerte, víctima de los disparadores automáticos puestos en acción por el mecanismo de seguridad. La silueta de *Raffles* se pierde entre el vaho blanquecino de su alma, que vuela al más allá. Y el personaje central, *Lord Lister (Raffles),* muere antes de que nadie hable en la comedia. A la inicial farsa de locos, a la posterior farsa de toros, Ignacio incorpora ahora una farsa de ultratumba. El autor va ganando en destreza de acción, en profundidad de personajes, en contraste de situaciones y ya puede permitirse la licencia de entrenarse en las filigranas del lenguaje. En *Ni más ni menos* encontramos por vez primera al escritor del 27. Aliteraciones de conceptos y de palabras, preguntas acuñadas con elementos poéticos: «¿Qué hace aquel hombre a la orilla del agua? — Acaba de beber y espera. — ¿Espera qué? — A beber de nuevo. — ¿No tiene satisfecha su sed? — Sí, pero su instinto le advierte que sentirá de nuevo el deseo y espera. — ¿Y aquella bestia al lado de la hembra? — Lo mismo que el hombre. — ¿Y aquel pájaro? — Lo mismo que la bestia. — ¿Y aquel hombre triste en medio del desierto? — Está enamorado del agua.»

Pidiendo soda surge la palabra en la comedia cuando ya hemos visto morir al protagonista. Nos parece que fuésemos a presenciar una comedia policiaca. La policía en busca de *Adriana,* la amante de *Lord Lister;* el asombro en el club ante la doble vida descubierta del protagonista; la discreción del criado ante las veleidades de su señor, cuyo espíritu se aparece en escena cuando *Adriana* intenta huir. Es la aparición de lo maravilloso, y el deseo de *Adriana* coincide con el deseo de *Don Juan* de Zorrilla, pero esta coqueta de turno pretende que *Raffles* la lleve consigo con sus pieles, alhajas y vestidos: «¿Dónde vas con eso? — A seguirte. — Para venir conmigo todo eso estorba. — ¿Qué he de llevar entonces? — Sólo el alma, tu alma limpia sin ningún ropaje de pecado.» Claramente esa voz del más allá le pide que hay que separar el alma del cuerpo: este tema es el central de este «auto infernal a lo divino». *Raffles* se presenta como *Doña Inés:* «Yo te salvo». Y *Adriana* parece convencerse: «Mañana todo Londres llevará mi nombre en sus labios... y mis joyas... mis vestidos y mis pieles.» Y *Raffles* declara: «Pobre míster Calton.» *Míster Calton* es el más célebre policía de Londres. El autor con esta frase declara que la obra no seguirá su hilo argumental como la comedia policiaca que ha sido a lo largo de los siete primeros cuadros del primer acto. En el último cuadro *Raffles* y *Adriana* emplean un nuevo lenguaje sentados sobre un bloque de humo. *Adriana* ha sido decepcionada y desea sus amigas, su sociedad, sus costumbres: su cuerpo. No es posible mantener la acción en ese bloque de humo y el autor idea la aparición de los fantasmas que llegan a un convento de monjas: otra vez parece que irrumpe el recuerdo de Sevilla. *Adriana* intenta confesar: sólo desea su cuerpo, y el espíritu de *Raffles* vuelve a llevársela al «disfrute de la dicha reservada a los que sufren contra su voluntad porque viven fuera de su órbita». El intento de volver a la tierra ha sido un fracaso. En el más allá *Raffles* le pide al *Ángel* que le devuelva sus manos y le da una razón: las necesita para fumar y el *Ángel* se escandaliza: «¡Fumar en el cielo!» «Tú no sabes. Los primeros fumadores que vinieron nos plantearon una seria cuestión... Fueron recibidos con la debida prevención. Pronto nos convencimos que no eran más que tontos... y tan tontos, tan exageradamente tontos, que aquí no tenían sitio adecuado. Hubo que ver lo que se hacía con ellos y, después de pensarlo bien, decidimos mandarlos al Limbo, que desde entonces es reservado para los fumadores.» *Adriana* pide su cuerpo, *Raffles* exige sus manos: se está preparando la apoteosis de la resurrección de la carne del tercer acto, carne a lo humano y terrenal, desde luego.

*Raffles* y el *Ángel* están en la plaza de un pueblo de Oriente el día de la resurrección. Allí están un esclavo, un ciego, un leproso y una mujer madre: los tres se quejan de haber vuelto a nacer y el ciego pregunta: «Dime, dime ¿cómo es el verde? — Como el mar. — ¡El mar! Y el azul, ¿cómo es el azul? — Como el cielo. — ¡El mar! ¡El cielo! ¡El cielo! ¿Y el rojo? — Como la sangre.» *Adriana* y el *Ángel* contemplan el espectáculo del nuevo mundo tras la resurrección: otra vez luchas, armas, guerras. Y el *Ángel* señala: «Mira más allá. Ve cómo despiertan sus monstruosas chimeneas. Ya estropean los parques de la naturaleza con esas cintas blancas —reptiles gigantescos que destrozan el llano y la montaña— por donde corren con sus máquinas infernales.» Es una muestra más del perfil más destacado de Sánchez Mejías: fue un hombre que se anticipó al tiempo, que vivió el futuro. Esta tercera obra teatral es una muestra de este temperamento abierto al futuro. Al final de la obra, *Adriana* pregunta a *Raffles* y al *Ángel* qué es lo que han hecho del hombre. Han vuelto a recrear una naturaleza bella, unos animales que se mueven gozosos en ella y han decidido suprimir al hombre y a la mujer. Cuando *Adriana* implora en favor de los humanos y pide a *Raffles* que le mire a los ojos, éste confiesa: «No puedo. Las llagas del leproso mancharon mis ojos, sólo veo miserias.» Y la obra se cierra con una fría razón de *Raffles:* «Ya no hay remedio. Todo está tratado. La armonía del mundo estaba rota. Tiene razón el *Ángel.* Debemos morir.» Del *Lord Lister* del primer acto que fuerza las cajas fuertes a la caza de alhajas para su amante a esta encarnación calderoniana del alma que no acepta la nueva responsabilidad de la creación, existe todo un recorrido en el que juegan el libre albedrío o la libertad, el poder de Dios y la miseria de los hombres. Realmente es sorprendente que desde la finca de «Pino Montano», entre recuerdos de corridas de toros, saboreando el buen baile y el buen cantar, un torero como Ignacio Sánchez Mejías escriba una obra como ésta, centrada por la figura de *Raffles.* En ella encontramos talento dramático, calidades literarias en el manejo de la lengua y en el manejo de las situaciones e indudables lecturas de autores clásicos y modernos. La obra no se representó entonces, pero merecería representarse hoy. Entonces no se hubiese comprendido, hoy no se comprenderá cómo fue escrita en los años veinte. Y es que Ignacio fue un hombre de nuestros días anticipado a vivir en su tiempo. Eso es lo que fascinó de su figura a los poetas que cantaron su muerte con ademán tan fuera de serie.

«SOLEDAD»

*Soledad,* la cuarta obra de Sánchez Mejías, desconocida hasta hoy en que se incorpora a esta edición de su producción teatral, al igual que su otra obra *Ni más ni menos,* no fue ni estrenada por el autor ni publicada hasta hoy y ambos manuscritos estaban en poder de su hija María Teresa, que los encontró en la finca sevillana del «Pino Montano». El autor denominó a esta pieza teatral como «Comedia en más de un acto...», y su acción se desarrolla en el local de la oficina que tiene instalada en Sevilla la sociedad anónima de construcciones Norte de España. La escena primera no es sino el pretexto de presentación de la obra a través de un diálogo intrascendente entre el ayudante del ingeniero director de Norte de España y *María,* mecanógrafa de la oficina. En la escena segunda el contratista *Baena,* a través de una conversación en lenguaje coloquial «andaluz» muy acusado lleva la obra a una situación y expresión sainetescas en el que dos elementos conectan con el mundo teatral del Sánchez Mejías de *Zaya:* la capea, como pretexto en el retraso de la entrega de unos trabajos por el maestro herrero y la Semana Santa sevillana evocada a propósito de las manos de la mecanógrafa: «Tus manos —le dice *Soledad*— hechas para bordar mantos de vírgenes y túnicas de santo van con estos ejersisios de hombre...»; los ejercicios de hombre son, simplemente, el escribir a máquina; Sánchez Mejías encarna, en su época, el machismo de entonces. La breve pieza se cierra apuntando a la meta o intención del escritor al imaginar esta comedia, de sólo algo más de un acto, abordar el tema de la intolerancia. *Soledad* se empeña en deslindar el campo del hombre del campo de la mujer, los trabajos distintos de uno y otra. El maestro herrero es símbolo de una Andalucía que no entiende de prisas a la que sí entiende *Soledad:*

«Trabaja ahora o luego, cuando se te ocurra algo bonito», y cuando llega el director de la empresa todos están en la oficina, sin trabajar, escuchando embobados a *Soledad* y cuando *Don Enrique* les recuerda que allí no ordena más que él —personificación de la intolerancia— todos se ríen de la significación de «ordenar»; una significación distinta en la oficina de una empresa anónima a la que el verbo tiene en el lenguaje taurino y, sobre todo, en aquel Ignacio Sánchez Mejías que tan bien sabía «ordenar» y «mandar» en el ruedo.

## DEL TEATRO A LOS TOROS

Si en 1934 Ignacio Sánchez Mejías no hubiese vuelto a los toros, la razón de su definitiva retirada hubiese sido porque iba a seguir escribiendo. Pero conoció a *La Argentinita* y le herían, además, las sienes los aplausos de la plaza. Y entre éstos y los del teatro la noche del estreno, Ignacio se enardecía más con los primeros. Y volvió a los ruedos. Y un día quedaron atrás sus aficiones deportivas y literarias, el pañuelo celeste que le saludaba en manos de Marcelle Auclair, los pies de Encarna pisando al golpe de las castañuelas, el fotógrafo que lo retrató juntó a los poetas del 27, el coche que le regalaron en México, las tardes de «Pino Montano» cuando pedía: «Yo querría ver bailar unas buenas sevillanas» y, silenciosamente, sin hablarse, se arrancaba su mujer, la hermana de *Joselito* a bordarlas sobre el pavimento; el Nueva York compartido con Lorca, el Madrid de Alberti, la Sevilla de Salinas o Cernuda. Ese día de agosto de 1935 a la hora de la tarde en que sustituyó a Domingo Ortega en Manzanares, entonces más que nunca

aire de Roma andaluza
le doraba la cabeza.

Y camino de Madrid, con la fiebre, le volverían al oído, como si se acercase la caracola medieval de una danza fúnebre y macabra, los murmullos de los aplausos teatrales confundidos con el grito del gentío que rompía las ventanas

a las cinco de la tarde.

He aquí una vertiente poco conocida del personaje histórico al que Lorca consagró su espléndida elegía fúnebre. Para este Sánchez Mejías, autor teatral, no hay una sola referencia en el *Llanto,* porque éste es un poema limpio de cualquier anécdota. Pero así como al estudiar el *Poema del Cid* hay que ir al histórico Rodrigo, cuando mañana anotemos los versos del *Llanto* tendremos también que buscar al héroe, aquel que le arrancó al juglar la reedición de los versos de Manrique:

¡Qué duro con las espuelas!
¡Qué tierno con el rocío!
¡Qué deslumbrante en la feria!
¡Qué tremendo con las últimas
banderillas de tinieblas!

Cuando los poetas aciertan, trabajan sobre la realidad. El *Poema del Cid* hubiese sido otra cosa si al héroe se lo hubiese inventado el poeta; el *Llanto* no sería lo que es si estuviese consagrado sólo a la muerte de un torero. No era un torero cualquiera, tenía perfil. Acercarse a su figura es hacer historia, pero es también contribuir a la definitiva edición crítica del poema de Lorca.

La madurez insigne de tu conocimiento

acaso en este verso esté la única leve alusión a las

aficiones literarias del diestro. No es sólo conocimiento de los toros, sino epigrafía de varón sapientísimo en todos los saberes y del que Francisco Pacheco hubiese dibujado su estampa. Cuando los jóvenes poetas de 1927 fueron a Sevilla creían encontrar otra cosa: no podían sospechar que el torero que les pagaba el viaje les iba a impresionar tan hondamente. ¿Cómo y cuándo conocería a Rodrigo el primer juglar que rimó versos en su honor? En Sevilla, fue al bajar del tren y el torero no estaba vestido de luces, y los poetas no llegaron cantando. Pero ya entonces Lorca sorprendió

la tristeza que tuvo tu valiente alegría.

En la «Venta Eritaña» sevillana nacía un período literario. Un período que tuvo en Ignacio Sánchez Mejías el contrapunto de lo que sería el sentido trágico de su literatura. Y en esos días de plenitud literaria, 1927, que constituyen el segundo Siglo de Oro español —conmemoración del centenario de Góngora en Sevilla [36], resurrección de los autos sacramentales de Calderón en Granada [37]— encontramos a Ignacio Zuloaga retirándose de los ruedos para dedicarse a pintar y a Ignacio Sánchez Mejías apartándose de la creación teatral para volver a los toros

a las cinco en punto de la tarde.

ANTONIO GALLEGO MORELL.

---

[36] Véase nota 1 de este prólogo.

[37] Antonio Gallego Morell, *Ascua de veras. Estudios sobre la obra de Calderón de la Barca* (cap. «Resurrección de los Autos Sacramentales en Granada en 1927»), Granada, 1981, págs. 13-24.

# BIBLIOGRAFÍA

## I. El torero y el hombre


Alcázar, Federico M.: *Sánchez Mejías. El torero y el hombre* (prólogo de G. Corrochano), Imp. J. Pueyo, Madrid, 1922.

Alcázar, Federico M.: «El torero muere en la casa, no en la plaza», en *La Voz,* Madrid, 15 de agosto de 1934.

Álvarez, Juan: Véase *Curro Castañares.*

Anónimo: *Sánchez Mejías. Su vida y su obra* (col. «Los grandes toreros»), Barcelona, S. A. (Ed. «El Gato Negro»).

Anónimo: *Ignacio Sánchez Mejías. Su vida, su arte, su muerte* (fotografías de Alfonso, Baldomero, Contreras Vilaseca, Díaz Casariego, Rodero, Vandel, Mena, Serrano, Gonshani, Dubois, Gelan, Marín y González Larios. Dibujo de Andrés Martínez de León), Madrid, Imp. de «Torerías», S. A.

Anónimo: Número monográfico de la revista *Torerías,* número 750, Madrid, 19 de agosto de 1934.

*Arponcillo:* Véase *Recortes.*

Bagües, Ventura: Véase *Don Ventura.*

El Caballero Audaz: *«Galería». Más de cien vidas extraordinarias contadas por sus protagonistas y comentadas por...,* Madrid, 1943, págs. 339-342 y 337-338.

Carrasco, Eduardo: Véase *Arponcillo.*

Carrere, Emilio: «El romance flamenco del lidiador», en *Ahora,* Madrid.

Carretero y Novillo, José María: Véase *El Caballero Audaz.*

Cayol, Salvador: «Ignacio Sánchez Mejías», en *Ya,* Madrid, 10 de junio de 1973.
Corrochano, Gregorio: «Luto», en *ABC,* Sevilla, 19 de agosto de 1934.
Corrochano, Alfredo: *Foreword (Lament for the death of a Matador,* de John Fulton Short).
Corrochano, G.: Véase *Alcázar,* Federico M.
Cossío, Francisco: «Un español representativo», en *ABC,* Sevilla, 28 de agosto de 1934.
Cossío, José María: *Los Toros. Tratado técnico e histórico,* Madrid, 1960, tomo III, págs. 875-881.
Cossío, José María: «Profile of the Matador», en *Lament for the death of a Matador,* de John Fulton Short.
Curro Castañares: «Datos biográficos», en *El Debate,* Madrid, 14 de agosto de 1934.
Don Ventura: *Historia de los matadores de toros,* Barcelona, 1970, págs. 158-159.
Fernández Almagro, Melchor: «A propósito de un carácter nacional», en *El Sol,* Madrid, 16 de agosto de 1934.
Fernández Flórez, W.: «Esa brutalidad estúpida», en *ABC,* Sevilla, 19 de agosto de 1934.
Fernández Salcedo, Luis: «La confirmación de alternativa de Ignacio», en *ABC* (dominical), Madrid, 12 de agosto de 1984.
Fulton Short, John: *Lament for the death of a Matador,* Barcelona, 1964.
Galerín: «Ahí te va mi pluma, Ignacio», en *La Unión,* Sevilla, 15 de mayo de 1925.
Gallego Morell, Antonio: «Sánchez Mejías, el torero de los poetas del 27», en *Ya,* Madrid, 8 de agosto de 1978.
García-Ramos Vázquez, Antonio: «Ignacio Sánchez Mejías y Joselito "el Gallo"», en *Diario 16,* Madrid, 6 de agosto de 1984.
García-Ramos Vázquez, Antonio: «Sánchez Mejías en la Universidad», en *ABC* (dominical), Madrid, 12 de agosto de 1984.
García-Ramos Vázquez, Antonio: «Ignacio Sánchez Mejías terminó su bachillerato en Huelva», en *Odiel,* Huelva, 26 de abril de 1984.
García-Ramos Vázquez, Antonio, y Narbona, Francisco: *Ignacio Sánchez Mejías, dentro y fuera del ruedo,* Espasa-Calpe, Madrid, 1988.

Garrigues, Antonio: «Yo estuve allí», en *ABC* (dominical), Madrid, 12 de agosto de 1984.
Ibero, Santiago: *Vida, valor y muerte de Sánchez Mejías,* Barcelona, Imp. Rápida-Ripoll, 1935.
López Grosso, F.: «Contestando a Sánchez Mejías», en *La Unión,* Sevilla, 20 de mayo de 1925.
López-Lozano, Joaquín Carlos: «¡Qué sevillano!», en *ABC* (dominical), 12 de agosto de 1984.
López Rubio, José: «Breve amistad», en *ABC* (dominical), 12 de agosto de 1984.
Luca de Tena, Juan Ignacio: *Mis amigos muertos,* Madrid, 1972.
Luján, Néstor: *Historia del Toreo* (2.ª edic.), Barcelona, 1967, págs. 294-298.
Medrano, José Antonio: *Toreros 1726-1965,* Madrid, páginas 105-106.
Moreno de Cova, Félix: «No se resignó a una vida tranquila», en *ABC* (dominical), Madrid, 12 de agosto de 1984.
Olmedo, Antonio: «Sánchez Mejías, figura deportiva», en *ABC,* Sevilla.
Orts Ramos, Tomás: Véase *Uno al sesgo.*
Palacio, Eduardo: «El porqué de la vuelta a los toros», en *ABC,* Sevilla, 14 de agosto de 1934.
Prats, Matías: «Fue presidente del Betis», en *ABC* (dominical), Madrid, 12 de agosto de 1984.
Recortes y Arponcillo: *Tragedias del Toreo. Matadores de toros* (segunda serie), Madrid, 1950, págs. 89-96.
Saiz Valdivieso, Alfonso: «Entre el azar y el misterio», en *Diario 16,* Madrid, 6 de agosto de 1984.
Santander, Federico: «Responso», en *ABC,* Sevilla, 18 de agosto de 1934.
Sassone, Felipe: «Nevermore», en *ABC,* Sevilla, 21 de agosto de 1934.
Uno al Sesgo: *Ignacio Sánchez Mejías. Los ases del toreo,* Barcelona, S. A.
Vavra, Robert: «Appointment with death», en *Lament for the death of a Matador,* de John Fulton Short.
Zabala, Vicente: «Ignacio olía a muerto», en *ABC* (dominical), Madrid, 12 de agosto de 1984.

## II. El autor teatral

Abril, Manuel: «Lidia de tres toros bravos y otros varios embolados por el diestro —nuevo en la plaza— Ignacio Sánchez Mejías (El psicoanálisis chico)», en *Buen Humor,* núm. 332, Madrid, 8 de abril de 1928, págs. 18-19.

Alba, R.: [Estreno del] *Sinrazón,* en *El Socialista,* Madrid, 26 de marzo de 1928.

Alejandro Miquis: Semana Teatral: *Sinrazón,* en *La Esfera,* núm. 743, Madrid, 31 de marzo de 1928, pág. 9.

Alsina, José: Estrenos: *Sinrazón,* en *La Nación,* Madrid, 26 de marzo de 1928.

A. E.: [Estreno de] *Zaya,* comedia de Ignacio Sánchez Mejías, en *La Voz de Cantabria,* Santander, 9 de agosto de 1928.

Anónimo: Sánchez Mejías triunfa en la escena. Estreno de] *Sinrazón,* en *El Sol,* Madrid.

Anónimo: El estreno de *Zaya,* comedia de Ignacio Sánchez Mejías, en *La Unión,* Sevilla, 12 de agosto de 1928.

Calvo, Luis: Véase *Trivelín.*

Cambria, Rosario: «Ignacio Sánchez Mejías, dramaturgo», en *Clarín Taurino,* Bilbao, 1976, págs. 23-35.

Castrovido, Roberto: «Del ruedo al tablado pasando por el manicomio», en *El Pueblo,* Valencia, 1 de abril de 1928.

Cueva, Jorge de la: [Estreno de] *Sinrazón,* en *El Debate,* Madrid, 25 de marzo de 1928.

Cueva, José de la: [Estreno de] *Sinrazón,* en *Informaciones,* Madrid, 26 de marzo de 1928.

Díez-Canedo, E.: [Un Estreno] *Sinrazón,* juguete trágico de don Ignacio Sánchez Mejías, en *El Sol,* Madrid, 25 de marzo de 1928.

Fernández Almagro, Melchor: Estreno en Calderón de *Sinrazón,* en *La Voz,* Madrid, 27 de marzo de 1928.

Finat, Hipólito: Estreno del juguete trágico en tres actos, original de don Ignacio Sánchez Mejías titulado *Sinrazón,* en *La Época,* Madrid, 26 de marzo de 1928.

Floridor: [Estreno de] *Sinrazón,* en *ABC,* Madrid, 25 de marzo de 1928.

Gabaldón, Luis: Véase *Floridor.*

Gallego Morell, Antonio: «Ignacio Sánchez Mejías autor teatral», en *Homenaje a Mathilde Pomés,* Revista de la

Universidad Complutense, Madrid, 1977, tomo XXVI, páginas 97-112.

Gallego Morell, Antonio: «El teatro de Ignacio Sánchez Mejías», en *Informaciones de Andalucía,* Sevilla, 9 de diciembre de 1976.

Gallego Morell, Antonio: «Ignacio, autor teatral», en *Diario 16,* Madrid, 6 de agosto de 1984.

Gallego Morell, Antonio: «Sánchez Mejías, torero y escritor», en *Los Toros en Andalucía,* Caja de Ahorros de Ronda, Ronda, 1988.

García Ramos Vázquez, Antonio: «Ignacio Sánchez Mejías, autor teatral», en *El mundo de los toros,* Palma de Mallorca, 24 de octubre de 1978.

Gónzalez, Anselmo: Véase *Alejandro Miquis.*

J. V.: Estreno de la comedia inédita *Zaya,* en *El Cantábrico,* Santander, 9 de agosto de 1928.

Marquina, Rafael: [Estreno de] *Sinrazón,* en *El Liberal,* Madrid, 25 de marzo de 1928.

Mesa, Enrique de: *Sinrazón,* en *El Imparcial,* Madrid, 26 de marzo de 1928.

Olmedilla, Juan G.: «Triunfo de un autor nuevo con una obra verdaderamente nueva», en *Heraldo de Madrid,* Madrid, 26 de marzo de 1928.

Pick: «La novela del torero y la aristócrata», en *La Voz de Cantabria,* Santander, 10 de agosto de 1928.

Piñol, Dionisio: *Sinrazón* en el Teatro Cervantes, en *El Sevillano,* 11 de abril de 1928.

Polanco, Abraham: Dos palabras con el autor antes del estreno, Sánchez Mejías estrena esta noche *Sinrazón,* en *La Voz,* Madrid, 24 de marzo de 1928.

Río Sainz, José del: Véase *Pick.*

Santorello: Actualidades teatrales [Estreno de] *Sinrazón,* en *Blanco y Negro,* núm. 1.925, Madrid, 8 de abril de 1928.

Tamayo, Victorino: «Sánchez Mejías, dramaturgo», en *La Voz,* Madrid, 13 de agosto de 1934.

Trivelín: «Desde la barrera», en *ABC,* Madrid, 25 de marzo de 1928.

Villa, Antonio de la: [Estreno de] *Sinrazón,* en *La Libertad,* Madrid, 26 de marzo de 1928.

## III. Poemas en su honor

Alberti, Rafael: *Verte y no verte,* A Ignacio Sánchez Mejías, México, Impresor Miguel N. Lira, 1935 (con dibujos de Manuel Rodríguez Lozano).

Diego Gerardo: «Presencia de Ignacio Sánchez Mejías», en *La Suerte o la Muerte,* Madrid, 1963, págs. 33-35.

Fernández Ardavín, Luis: «En la muerte de Sánchez Mejías», en *ABC,* Sevilla, 21 de agosto de 1934.

García Lorca, Federico: *Llanto por Ignacio Sánchez Mejías,* Madrid, Edic. del Árbol de «Cruz y Raya», 1935 (con dibujos de José Caballero).

Hernández, Miguel: *Citación fatal* (elegía a Sánchez Mejías). Inédita.

Hernández, Miguel: *El torero más valiente. La tragedia de Calisto. Otras Prosas,* Madrid, 1986.

Peret, Benjamín: *La sangre derramada,* Madrid, s. a.

Río Sainz, José del: *Impresión de Pino Montano* (1926), Autógrafo.

## IV. Iconografía

Bores, Francisco: Ilustraciones para el *Llanto por Ignacio Sánchez Mejías.*

Cossío, Mariano: *Retrato de Ignacio Sánchez Mejías.*

Caballero, José: Retrato en *Llanto por Ignacio Sánchez Mejías* de F. G. L., Madrid, 1935.

Fulton Short, John: Ilustraciones para el *Llanto por Ignacio Sánchez Mejías.*

Garvayo, Manolo: *Muerte de Ignacio Sánchez Mejías,* poesía xilografiada, Málaga, 1966.

Martínez de León: Apunte del natural «Cómo se inició el último pase de muleta y cómo terminó trágicamente», en *La Voz,* Madrid, 13 de agosto de 1934.

Rodríguez Lozano, Manuel: *Retrato.*

Vázquez Díaz, Daniel: *Retrato.*

Caballero, José: Grabados para el *Llanto por Ignacio Sánchez Mejías* de F. G. L.

Catálogo del Concurso-Exposición *El Arte de la Ilustración* (dedicado a la obra de Federico García Lorca), Granada, 1973.

# «SINRAZÓN»

## JUGUETE TRÁGICO EN TRES ACTOS Y PROSA

# ACTO PRIMERO

Al levantarse el telón, sala y escenario están completamente a oscuras. Siluetados, con pasta luminosa, se ven todos los aparatos de un laboratorio moderno. Entre ellos se mueven las tres batas blancas de dos médicos y un ayudante

VOZ.—*(De* NIETZSCHE.) Aquello que vivimos en sueño, siempre que lo vivamos con frecuencia, pertenece, al fin y al cabo, a la totalidad de nuestra alma, como cualquier otra cosa realmente vivida. Por ello somos más ricos o más pobres, tenemos una necesidad más o menos, y en pleno día, incluso en los más serenos instantes de nuestro espíritu despierto, somos llevados un poco de la mano por los hábitos de nuestro sueño.

*(Luz de mediodía en la escena, donde se encuentran los doctores* BALLINA, CARRASCO *y un* AYUDANTE. *Cada cual presta atención a su trabajo. Pausa.)*

BALLINA.—*(Al* AYUDANTE.) Vete al patio de San Vicente y, si está Osuna tranquilo, tráetelo. *(Mutis del* AYUDANTE. *A* CARRASCO.) Te va a producir verdadero asombro la mejoría de ese pobre loco. Bastó descubrirle el origen de su enfermedad para que al momento se iniciara el proceso de su curación. Te acordarás que lo teníamos un poco abandonado. Un día sostuve con él una conversación de breves minutos y sobre los elementos que de ella recordaba hice después el psicoanálisis y quedé plenamente convencido que estaba bajo la influencia de un choque producido por un sentimiento perverso de la sexualidad. Luego, poco a poco, fui sacándole del cuerpo confesiones muy disimuladas al principio, pero que a medida que se estrechaba el cerco se iban aclarando, hasta que por fin, cuando creí llegado el momento oportuno, le descubrí, con violenta sinceridad, mis observaciones. Ya puedes suponerte la escena. A un hombre a quien se le echa en cara su perversión, lo primero que hace es querer matarte...

CARRASCO.—Y con razón. Aun dando por ciertas tus observaciones, hace falta una gran audacia para atacar en esa forma tan violenta lo que pudiéramos llamar mentira organizada. Eso sólo se puede hacer, sin peligro, cuando se dispone de una gran fuerza. A mí no se me ocurriría nunca, y creo que tú debes tener cuidado en esos ensayos. No hay nada más peligroso que meter la verdad como una cuña en un bloque sólidamente formado por la mentira, que, al fin y al cabo, es lo que tú haces.

BALLINA.—No hagas caso. Lo convencí. Le expliqué el proceso, le hablé del inconsciente, de la censura que forma la moral, de las luchas entre la conciencia y la inconsciencia, de que su propia enfermedad demostraba su hombría, etcétera, etcétera. El caso es que, poco a poco, ha ido reaccionando, y ahora, cuando lo veas, no lo vas a conocer.

CARRASCO.—*(Sin dejar de trabajar.)* Me produce una gran alegría oírte hablar, tan seguro, de los nuevos procedimientos, pero insisto. Siempre pienso si no irás demasiado lejos con tu optimismo.

BALLINA.—Mientras tengamos la razón por consejera, nunca vamos demasiado lejos. Lo que no se puede hacer, y en estas cuestiones de psiquiatría menos que en ninguna, es caminar, como dice un compañero nuestro, con las poquísimas verdades absolutas que poseemos, porque con ellas no llegas a ninguna parte. Muchas veces hay que echar mano de la hipótesis y hasta rellenar, tú mismo, el vacío que queda entre una cosa y otra. Hay que romper esa pasividad con que hasta hoy hemos mirado esos patios repletos de locos, condenados a esperar que la muerte les resuelva su enfermedad. Preferible es para el médico pasar su vida experimentando, con la esperanza puesta en una solución, que cruzarse de brazos ante la enfermedad, cuyo origen y tratamiento desconoce, pretextando que es incurable. Tú sabes lo que se ha discutido sobre la conveniencia o la no conveniencia de inocular de paludismo a los atacados de parálisis. Pues bien, yo, ante un paralítico, no vacilo un solo instante en provocar el contagio. Y no es suficiente, para hacerme cambiar de opinión, el peligro a que se expone el individuo, porque no hay nada peor que la muerte que, de manera segura y definitiva, lleva en sí la misma enfermedad. En el remedio hay una parte de esperanza; ¿poca?, ¿mucha?, la que haya. Lo mismo me da el noventa por ciento que el uno por mil, el caso es que hay quien se cura, y aunque no fuera más que por salvar a uno, a uno solo de los que pasan por nuestras manos, condenado a muerte, merecería la pena ir todo lo lejos que se pueda en cuestiones de experimentación. Ahí tienes el caso de don Manolito. Un hombre de juventud, de riqueza, de consideración social y un sencillo desequilibrio nervioso lo pone en el más lamentable estado... Con su misma perturbación hay enfermos que pasaron su vida recluidos en un manicomio y, sin embargo, éste, con uno de esos que tú llamas atrevimientos míos, ha logrado recobrar la razón completamente.

CARRASCO.—¿Completamente?

BALLINA.—¡Completamente! De ello respondo con mi cabeza. Hoy mismo se marcha, dado de alta por mí. Bastó equilibrar la relación del autónomo con el simpático para que el resultado no se hiciese esperar y, hoy por hoy, razona como pudiera hacerlo yo o como pudieras hacerlo tú. Ayer, sin ir más lejos, le invité a comer y de sobremesa me habló de sus proyectos para el porvenir. Horrorizado ante el espectáculo que ofrece nuestro manicomio, quiere emplear parte de su fortuna en construir uno nuevo donde no falte nada para el bienestar de los enfermos. Se le ha ocurrido una cosa preciosa, si fuera posible realizarla. Al mismo tiempo que se ponen en juego todos los adelantos modernos, en el nuevo establecimiento se propone poner al servicio de los que llamamos hasta la fecha incurables todo lo necesario para que vean satisfechas, en parte por lo menos, las ilusiones de su monomanía. Aquellos enfermos que conquistaron su simpatía durante su estancia en ésta serán los primeros asilados de la nueva casa de salud, que se llamará el Palacio de la Reina Beatriz, por ser la pobre loca, que se cree la reina, la primera que se instalará en él.

CARRASCO.—¿Y tú crees que el hombre al que se le ocurren esas cosas está ya cuerdo?

BALLINA.—Tan lo creo que, aceptando el ofrecimiento que me hizo, movido seguramente por la gratitud, voy a dirigir el nuevo establecimiento. Ya sé que hay cosas que pudieran parecer extrañas, pero no he querido discutir el espíritu del proyecto porque espero imponer, con tacto y con tiempo, el criterio que tengo sobre estas cosas.

*(En la puerta aparecen* SOR ÚRSULA, *superiora del manicomio, y* DON MANOLITO.)

SOR ÚRSULA.—*(Al entrar.)* Buenos días, don Luis; buenos días, Carrasquito. Aquí tenéis a don Manuel, que ya se nos va, tan sano y tan fuerte por la gracia de Dios.

BALLINA.—Y de la Constitución, Sor Úrsula. Y de la Constitución, porque hay que poner a alguien con Dios para el caso de que las cosas salgan mal. Si salen bien, a Dios gracias; si salen mal, que la Constitución, que es el médico, tenga la culpa. *(A* DON MANUEL.) ¿Qué hay, don Manuel? ¿Se marcha usted hoy?

DON MANUEL.—Sí, señor. Gracias a usted, por fin me marcho hoy. Dios me puso malo sin duda porque lo merecía, pero también permitió que usted me pusiese bueno, sin duda también porque lo creyó justo. Sólo lo que Él quiere se realiza. De su sola voluntad dependemos.

SOR ÚRSULA.—Alabado sea su nombre, don Luis, alabado sea su nombre. Usted debe darle gracias porque con usted estuvo generoso dándole tanta inteligencia y tanta suerte. Ya me ha dicho don Manolito que piensa gastar una gran cantidad de dinero en fundar un nuevo manicomio que usted va a dirigir.

BALLINA.—No. Nada de manicomio. Un palacio donde una reina tenga su corte, ¿verdad, don Manolito? Nada de locos. La horrible palabra no se oirá nunca en nuestro palacio. Serán enfermos, porque enfermos hay en todas partes. Vamos a crear una leyenda y a darle vida. Una reina, prisionera de amor en su palacio, espera al rey para casarse. El rey nunca llega. Sus tropas guardan por fuera el edificio y con ellas establecemos la disciplina por temor. Muchas habitaciones bien amuebladas, cuartos de baño, duchas, gimnasio, laboratorio, ropa muy limpia, comidas muy sanas y un médico que asista con independencia de criterio y autoridad máxima a los que se sientan indispuestos. Y todo muy bonito y muy alegre y muy optimista: la reina, los altos empleados, don Mariano, el pobre loco, logrará ser obispo: otros, jueces; algunos, comerciantes; otros, soldados; otros, poetas, y todos felices por lo menos hasta donde sea posible. ¿No es eso lo que nos proponemos, don Manuel

DON MANUEL.—Exactamente. Vamos a crear una leyenda y a darle vida. Una reina, prisionera de amor, en su palacio espera al rey para casarse. El rey... no llegará nunca. Toda mi fortuna está dispuesta para hacer agradable la vida a estos desgraciados. Nada de castigos, ni nada de violencias, ni nada de miserias, bastante tienen ya con su penosa enfermedad. Hay que intentar curarlos sin escatimar nada y al que no se pueda curar hacerle la vida agradable, haciendo factible la realización de sus caprichos.

SOR ÚRSULA.—Ya lo hacemos aquí. Lo que pasa es que no tenemos medios. Usted debe dedicar a este manicomio lo que piensa gastar en el otro, y ya vería cuántas cosas hacemos. Apenas tenemos para darles de comer y, sin embargo, ya hacemos algo de lo que usted se propone hacer. Suárez dice que es capitán y todos le dicen el capitán, y tiene sus soldados y hacen su instrucción.

DON MANUEL.—Sí; pero no es eso, Sor Úrsula, no es eso todo lo que nos proponemos.

SOR ÚRSULA.—¿Cómo que no es eso? Ahora verá. *(Va hacia la puerta. Llamando.)* ¡Capitán! ¡¡Capitán!! Ven aquí.

*(Se presenta un loco miserablemente vestido, con un gorro militar. Este loco y todos los que intervienen en la obra tienen su locura en el pensamiento y, por lo tanto, en la palabra. Cualquier esfuerzo del actor que degenera en grotesco, en la interpretación de los gestos, pudiera falsear la intención del autor. Nada de locos. Tenemos que secundar a* DON MANOLITO *en su noble empeño. La anormalidad de la acción está en la extravagancia del pensar, pero*

*con tal naturalidad han de vivir los que toman parte en ella, que deba dudarse de su locura en la mayoría de los momentos.)*

CAPITÁN.—¡A la orden de mi generala! ¿Qué manda la generala? ¡¡Viva la generala!!

SOR ÚRSULA.—Calla, calla, no seas loco. Llama a tus soldaditos para que se despidan de don Manuel, que ya se puso bueno y se va hoy.

CAPITÁN.—¡A la orden, mi generala! *(Da unos pasos rígidos hacia atrás.)* ¡Con el permiso de mi generala! *(Dando grandes voces.)* ¡¡Cosacos y coraceros!! ¡¡¡Ah!!! ¡¡¡Ah!!!

*(Van llegando locos, atropelladamente. Visten como vagabundos, con ropa sucia y harapienta. Son hasta quince. Irrumpen en el laboratorio. En sus caras, gestos diversos de los enfermos nerviosos, unos torpes y otros vivarachos. Mucho de tragedia y poco de comicidad.)*

¡¡Formeeen!! ¡¡Firmeees!! *(Obedecen con rigidez.)* ¡¡Cuatro pasos al frente!! ¡Eh!

TROPA.—*(Muy a compás.)* Un, dos, tres, cuatro.

CAPITÁN.—¡¡¡Cuatro hacia atrás!!! ¡¡¡Aaah!!!

TROPA.—*(Andando hacia atrás.)* Un, dos, tres, cuatro.

CAPITÁN.—¡¡¡Media vuelta!!! ¡¡¡Aaaah!!!

TROPA.—*(Obedeciendo, quedando al final de la pared.)* Un, dos.

CAPITÁN.—¡Vuecencia manda, mi generala!

SOR ÚRSULA.—Que digan ahora su reglamento y que se despidan de don Manuel.

CAPITÁN.—*(Enfáticamente.)* ¡¡Cosacos y coraceros: por orden de la generala decid vuestro reglamento!!

TROPA.—*(A coro.)* Amar, amar, amar. Amar a

Dios, a la Patria y a la Religión. Amar, amar, amar. Obedecer, obedecer, obedecer. Obedecer a la generala, al director y al capitán. Obedecer, obedecer, obedecer.

CAPITÁN.—¿Todos somos?

TROPA.—Uno.

CAPITÁN.—Nadie podrá...

TROPA.—Quejarse.

CAPITÁN.—Siempre estaremos...

TROPA.—Contentos.

CAPITÁN.—¡¡Media vuelta!! ¡¡¡Ah!!!

TROPA.—*(Obedeciendo.)* Un, dos.

CAPITÁN.—Ahora, al marcharnos, diremos: ¡Un, dos, tres, viva don Manuel! ¡De frente! ¡¡Aaah!!

TROPA.—*(Haciendo mutis.)* Un, dos, tres, viva don Manuel. Un, dos, tres, viva don Manuel. Un, dos, tres, viva don Manuel.

SOR ÚRSULA.—Vea usted, don Manuel, vea usted cómo también nosotros procuramos que se distraigan nuestros enfermos. Y no tenemos medios. Puede que Dios lo haya puesto bueno para bien de estos desgraciados.

DON MANUEL.—Puede, madre, puede; por lo menos, yo he de hacer todo lo posible. Mañana mismo le mandaré un donativo de veinticinco mil pesetas. Yo haría aquí todo lo que me propongo hacer, pero no es posible, Sor Úrsula, no es posible. De un palacio siempre se puede hacer un manicomio, pero de un manicomio no hay forma humana de hacer un palacio. Usted me manda todos los enfermos que aquí no tengan sitio. Además le ayudaré frecuentemente, pero no insista. Nada ni nadie me hará cejar en mi deseo. Quiero que dé usted las gracias, en mi nombre, a las hermanitas y les diga lo mucho que les agradezco sus atenciones. Y a ustedes, señores, no tengo nada que decirles; ya saben cuán agradecido me voy. Doctor Carrasco, déme usted un abrazo. *(Se abrazan.)* Y a usted, doctor Ballina, esta misma noche le espero a comer en mi casa. De sobremesa nos pondremos de acuerdo y se hará todo inmediatamente. Sor Úrsula, quiero pedir a usted un favor, que espero no me negará: desearía... despedirme de la Reina.

SOR ÚRSULA.—No faltara más, don Manuel, no faltara más. ¡Qué ejemplo de la bondad de Dios con las personas que son buenas! *(Va hacia la puerta. Llamando.)* Curro, venga acá. Diga a Sor Victoria que traiga a la Reina. Y a los músicos que preparen la despedida de don Manuel. *(A la escena.)* No sólo de pan vive el hombre, dice el refrán, y es cierto: estas atenciones sirven a los desgraciados de más consuelo que las limosnas materiales, y sólo las practican los que tienen un corazón hermoso, que es mejor tesoro que el dinero. Dios está sobre todo y dispone las cosas como mejor conviene. ¡Quién sabe qué ocultos designios hubo en su enfermedad cuando se ven estos resultados!... Ya vienen, ya vienen. ¡Mire qué contenta!

*(Entran la* REINA *y* SOR VICTORIA. *La* REINA *viste pobre y estrafalariamente. Una falda larga y un trapajo cosido a ella, simulando una cola. Una blusita cerrada y un peinado que, estando en desorden, quieren ser el de una reina antigua. Moño alto, algunas flores en la cabeza y en la mano derecha unos impertinentes hechos de un aventador de palma.)*

REINA.—*(Locuaz y risueña. Joven y guapa.)* ¿Dónde está el Rey, dónde está el Rey? ¡Ah! ¿Pero no es el Rey? ¿Qué quieren ustedes? ¿Casarme con el príncipe Adolfo? ¡No, no y no! Es inútil tanta estratagema. Yo no me caso con nadie. Yo no quiero a nadie. *(Dirigiéndose a* DON MANOLITO.) Dígaselo usted. ¿Usted va a verlo? Dígaselo y dígale que venga, que no sea tonto, que me están tendiendo lazos continuamente, que me tienen encerrada. Que venga a hacer unas maniobras, que yo estaré en una ventana que da al campo. Que venga cuando quiera, a cualquier hora, que siempre le estoy esperando; que esté tranquilo, que a mí no me pasa nada, nada; pero que venga. Que venga vestido de caballero de Santiago; pero que venga pronto, pronto *(Se sonríe. Luego, a través de sus deseos sensuales, se ruboriza, y con la cabeza baja y con emoción continúa:)* Dígale... *(Suspira.)* ¡Dígale que venga pronto, que me muero de amor!

DON MANUEL.—*(Con emoción, mientras todos sonríen.)* Así lo haré señora, y muy pronto tendréis noticias del Rey. *(Le tiende la mano.)*

REINA.—*(A* SOR VICTORIA.) ¿Qué quiere este hombre?

SOR VICTORIA.—Quiere estrechar tu mano. Se marcha ahora mismo.

REINA.—*(Con asombro.)* ¿Mi mano? *(Con emoción.)* ¡Quiere mi mano! *(Llorosa.)* Mi mano, no, Sor Victoria, mi mano, no. No, no. Mi mano, no, Sor Victoria. *(Se refugia detrás de ella.)*

SOR VICTORIA.—No seas tonta. Dale la mano a este señor, vamos. *(Intenta cogerla de la mano.)*

REINA.—*(Bravamente.)* Mi mano, no, Sor Victoria, mi mano no se toca. Mi mano es sagrada, sagrada. Sólo la besa el que está en gracia. Así lo quiere el Rey. *(Bajando la voz, ruborizada, acometida de los mismos deseos.)* El Rey. Así lo quiere el Rey, el Rey. *(Esconde la cara entre sus manos maliciosamente.)* El Rey. (DON MANUEL *inicia el mutis.)*

TELÓN MUY RÁPIDO

# ACTO SEGUNDO

Salón lujosamente decorado en el Manicomio-Palacio de la Reina Beatriz. Muebles, trono, telas, tapices, etc. Al buen gusto del decorador. Al levantarse el telón, estará sola la escena, que ha de llamar la atención por el esplendor del decorado. Una puerta al centro y otra en el lateral izquierdo

*(Un loco, fantásticamente vestido de soldado, hace la guardia, por fuera, en la puerta del centro. Por la puerta del lateral izquierdo entra* DON MANUEL. *Lo repasa todo con detenimiento y, encontrándolo a satisfacción, toca un timbre y se sienta. Por la misma puerta llega un loco vestido de criado: uniforme azul, cuello alto y cerrado.)*

CRIADO.—¿Llamaba usted?

DON MANUEL.—Dígale al Jefe de servicio que venga. *(Pausa.)*

SOLDADO.—*(Con energía.)* ¿Quién vive?

VOZ.—*(Fuera, gritando:)* ¡Jefe de servicio!

SOLDADO.—*(A* DON MANUEL.) Jefe de servicio.

DON MANUEL.—Que pase.

SOLDADO.—Adelante. *(Entra el* JEFE *de servicio. Figura ser enfermero. Viste uniforme de paño y gorra blanca.)*

JEFE.—¿Me llamaba usted?

DON MANUEL.—¿Qué ha ocurrido anoche en el patio de la guarnición?

JEFE.—En realidad no ha ocurrido nada; pero pudo ocurrir una catástrofe. Ya recordará usted que cuando a Collerón se le metió en la cabeza que era el comerciante más grande del mundo, dio usted orden que se le instalara un gran almacén por donde pasara todo lo que se consume en el establecimiento. Que se simulara la compra-venta con dinero falso que se había de mandar a hacer ex profeso. Todo se hizo como usted lo mandó, y tan metido estaba en su papel, que la mejor contabilidad del establecimiento era la que él llevaba. Tenía en cuenta lo que costaban las cosas, y les cargaba el trescientos por ciento a todos los artículos. Tan a maravilla llevaba su comercio, que empezamos a creer que estaba cuerdo. Ya hace algún tiempo se empezó a quejar de su negocio, diciendo que no ganaba bastante, y le dio por achacarlo a la tiendecilla que, fuera del manicomio, tiene un buen hombre que se llama Perico, el Extraño. Todos le llevamos la corriente, y la idea fue tomando cuerpo en su cerebro. Anoche se presentó en el patio y empezó a decir que debían salir nuestros soldados a quitar las tropas del Rey, con las que siempre estamos amenazando, como usted sabe, a nuestros enfermos. Les dijo también que Perico, el Extraño, tenía la culpa de todo lo que pasaba aquí dentro, y que el día que le quemáramos la tienda serían todos libres y no faltaría de nada. Las tropas se alborotaron; y como les dijera que eran unos cobardes si no salían, se empezaron a formar, y ya estaban dispuestos a salir, cuando nos enteramos los cabos; nos opusimos, se enfadaron, quisieron atropellarnos, y hubo que repartir una poca de leña. Se le avisó al médico, y don Luis dio orden que encerráramos a Collerón y a dos o tres locos de los más resueltos.

DON MANUEL.—¿Tuvieron ustedes algunos heridos?

JEFE.—Sí, señor. Dos. Uno de ellos es preciso ver lo que se hace. Es díscolo y tiene mala idea. El padre de don Mariano, el Obispo, siempre que viene a ver a su hijo deja una tarjeta en la Dirección, otra en el despacho de don Luis y otra en casa del administrador. A Marchena, que es a quien me refiero, le chocó verle hacer esas cosas, y le ha puesto «el loco de los papelitos». El otro día estaba de guardia en la Dirección, y al ir a dejar su tarjeta el padre de don Mariano, le dijo que aquí no se querían locos, y como no lo comprendiera e insistiese, lo llevó a empujones hasta la puerta. Hubo que prestarle asistencia, porque el pobre señor se puso malo del susto; y de esas cosas ha hecho ya varias. Al novio de una de las muchachas de la cocina le pegó unos golpes la otra tarde.

BALLINA.—*(Desde fuera, dirigiéndose al loco de guardia.)* Así me gusta, muchacho, así me gusta. ¿Cómo te encuentras? *(Le da unas palmaditas en el hombro.)* Contesta. ¿Cómo estás? *(El loco guarda silencio con una rigidez marcial.)* Vamos, hombre, habla.

SOLDADO.—La guardia no habla.

BALLINA.—Pero, hombre, ¿ni çon el médico?

SOLDADO.—Con nadie.

DON MANUEL.—*(Cariñoso.)* No me quebrante usted la disciplina y entre, que tenemos que hablar. *(Al* JEFE *de servicio.)* Suelte a Marchena y mándelo venir, y a ver cómo hacen ustedes para que no se le vuelva a pegar a ningún enfermo. A ninguno, ¿estamos?

JEFE.—Descuide usted. *(Mutis.)*

DON MANUEL.—*(Al* MÉDICO.) Es preciso, por todos los medios que estén a nuestro alcance, que no se repita lo de anoche.

BALLINA.—De eso quería hablarle. Se ha ido más

lejos en el tratamiento de estos dementes de lo que estimo razonable. Me parece muy bien que se les rodee de toda clase de comodidades, que se agote con ellos la paciencia y la amabilidad, que se toleren sus manías, pero alentar y hasta añadir material a sus perturbaciones me parece un extremo peligroso. Nuestra actitud, que pudiéramos llamar de adulación ante la locura, podría llevarnos, cuando menos lo pensáramos, a una verdadera catástrofe.

DON MANUEL.—No comparto su pesimismo, y cada día estoy más contento con nuestra obra. Antes, al contrario, creo que hay alguna deficiencia por nuestra parte, pero siempre seguro de nuestra buena orientación.

BALLINA.—No, en eso no estamos de acuerdo. Nuestra orientación de hoy no es buena, porque es un verdadero disparate fomentar, como hacemos, la locura de estos desgraciados. Es precisamente todo lo contrario el plan a realizar. Hay quien opina, con sobrado fundamento, que la locura es al hombre despierto lo que el sueño al hombre dormido. Un hombre loco es, por tanto, un hombre que sueña continuamente. El sueño, según teorías modernas, es un deseo reprimido por nuestra conciencia. En la realización de este deseo se toman incoherentemente materiales en nuestra vida, relacionados con el mismo deseo, pero, al despertar, el olvido borra lo que soñamos, o es rechazado nuestro sueño por las reglas de la normalidad. Ahora bien; nuestra infancia y nuestra juventud están llenas de deseos, unos lógicos y naturales, otros morbosos y perversos, la mayoría de ellos inconfesables. Nuestra moral, haciendo de censura, se encarga de rechazarlos, y en esta lucha entre el deseo y la censura está la llave de la mayoría de las perturbaciones. Ante un enfermo de la mente hay que escudriñar toda su vida, penetrar en su pensamiento, en sus sueños, en sus inclinaciones, en todos sus actos, por insignificantes que sean, y cuando sorprendemos el choque del deseo con la moral, hay que operar sobre la conciencia, descubrir al enfermo el origen de su enfermedad, que casi siempre es ignorado por ellos; retrotraerles al instante mismo del accidente, reforzar los diques de su conciencia y de la mano conducirlos por el camino verdadero. En una palabra, analizar la psicología de cada enfermo, y donde se note una anormalidad, descubrirla al mismo interesado para que vea lo que pudiéramos llamar el desnudo de su propia conciencia.

DON MANUEL.—No siga, doctor, no siga, se lo ruego. Empiezo a dudar de su razón. ¿Desnudar a la gente por dentro? ¿Descubrirles lo que pensamos de ellos? ¿Decirles la verdad, la verdad completamente desnuda? No, doctor, de ninguna manera. Aquí no se le dice la verdad a nadie, absolutamente a nadie. Un día me dijo usted una cosa preciosa: Vamos a darle vida a una leyenda; hoy me ha dicho otra muy bonita: La locura es un sueño continuo, ¡un sueño continuo! Déjelos que sueñen, doctor, déjelos que sueñen. *(A* MARCHENA, *que llega.)* Adelante, adelante. *(Al* DOCTOR.) Vamos a ver con lo que está soñando Marchena.

MARCHENA.—¿Quién me necesita?

*(Este personaje puede hacerse con acento andaluz.)*

DON MANUEL.—*(Cariñosamente.)* Vamos a ver, hombre, vamos a ver; ¿por qué le has pegado al novio de la freganchina?

MARCHENA.—Porque está loco, y a los locos hay que darles leña. El loco con la pena es cuerdo. Hay que darle leña, mucha leña. Y a la freganchina también le voy a dar leña.

DON MANUEL.—¿Pero por qué, hombre? ¿Qué te han hecho?

MARCHENA.—Que están locos.

DON MANUEL.—¿Pero quien te ha dicho a ti eso?

MARCHENA.—Yo, que lo he visto. Ella se pone en el pretil de la azotea, y él enfrente, en medio del campo, y se llevan las horas y las horas haciendo piruetas. Que si tú, que si yo. *(Simula las señas que suelen hacerse los novios. El* MÉDICO *y* DON MANOLITO *sonríen.)*

DON MANUEL.—Bueno está, hombre, bueno está. ¿Y al padre del señor Obispo?

MARCHENA.—¿El loco de los papelitos? ¡Osú! Ése está más loco que una cabra. Tiene unos papelitos blancos donde ha escrito su nombre, y se pasa la vida dándole papelitos doblados a todo el mundo. A ese tío hay que darle leña. ¡La diferencia que hay del hijo al padre! ¡Parece mentira! Usted me deja a mí, que yo los conozco muy pronto; leña, leña y castigo. Yo he estado en muchos manicomios, y sé cómo se trata a los locos. El loco con la pena es cuerdo. Usted me deja a mí. Yo estuve en un sitio de locos muy peligroso: cuando estaban sueltos les daba por matar a la gente, y habían matado a muchos. Los encerraban, y se ponían pacíficos. ¡La leña! ¿Usted no ha visto por ahí unas salas muy grandes donde venden café y en donde hay muchos grupitos de hombres, que unos hablan muy bajo y otros a voces, como si fueran a pelear? ¡Locos perdidos! Y hay muchos más. Todo el mundo está loco. A unos les da por hablar, a otros por correr, y hay que ver cómo van por esos caminos. El otro día vi a un tío que le daba por parar a los automóviles en medio de la calle. Hacía así. *(Hace como los guardias de la porra.)* Y todo el mundo parado. Hay que tener cuidado porque eso se contagia. Déjeme usted a mí, que yo lo conozco.

*(Fuera se oye un toque de clarín agudo y*

*estridente y voces: «¡Paso a la* REINA! *¡Guardias! ¡Formad!»)*

DON MANUEL.—*(Señalando la puerta del lateral izquierdo.)* Llévese a Marchena.

*(Mutis del* MÉDICO *y* MARCHENA. *A los acordes de la marcha americanna entra la* REINA, *precedida de sus damas. Viste lujosamente: manto de armiño, corona real sobre sus sienes y porte de verdadera realeza. Con un gesto despedirá* DON MANOLITO *a los servidores, quedando solo en escena con la* REINA. *En la cara de ésta hay un gesto de pudor, provocado siempre por los deseos sensuales, alternando con una delicada coquetería.)*

REINA.—¿A quién tengo que recibir hoy?

DON MANUEL.—A quien quiera Vuestra Majestad.

REINA.—*(Echando su mirada desde los ojos de* DON MANOLITO *al suelo, y desde el suelo a los ojos de* DON MANOLITO.) ¿Por qué no me hablas de tú? Las reinas siempre gustaron de esas confianzas con sus favoritos, y tú eres mi favorito. Háblame de tú, al menos cuando estemos solos.

DON MANUEL.—Como quiera Vuestra Majestad.

REINA.—Como tú quieras.

DON MANUEL.—Como tú quieras.

REINA.—Y dime, favorito. *(Riendo con coquetería.)* ¡Je, je, je! ¡Je, je, je! ¡Je, je, je! ¡Favorito! ¿A quién tenemos que aguantar hoy?

DON MANUEL.—Al señor Obispo, a quien tiene concedida audiencia Vuestra Majestad.

REINA.—Y dale majestad. *(Rompe a reír con socarronería.)* ¡Je, je, je! ¿Al señor Obispo? ¡Je, je, je! ¡Pobre Obispo! ¡Je, je, je! ¡Que venga el Obispo!

DON MANUEL.—*(Ceremoniosamente.)* Con la venia de Vuestra Majestad. *(Mutis.)*

REINA.—*(Pasea su mirada a través de los impertinentes. Por fin, los fija en el soldado de guardia. Va hacia él coqueteando.)* ¿Cómo te llamas tú?

SOLDADO.—*(Con emoción.)* Miguel Santos.

REINA.—*(Rompiendo a reír.)* Santos y obispo, je, je, je, ¡Pobre Reina! ¡Je, je, je! ¡Santos de guardia y obispos de visita! ¡Je, je, je! *(Transición.)* Y el Rey sin venir, sin venir, sin venir.

DON MANUEL.—*(Desde la puerta, cediendo el paso.)* Adelante, señor Obispo.

*(Entra el* OBISPO. *Es un loco alto y delgado. Viste sotana negra con botones morados. Sombrero de teja, que conservará puesto; anillo muy grande y aspecto jesuítico. Hay unas mutuas reverencias.* DON MANOLITO *manda retirar la guardia.)*

REINA.—¿Qué hay, señor Obispo? Te encuentro más delgado. Dentro de poco, ¿sabes?, tendrás que casarme. Va a venir el Rey. Te haremos cardenal. Te lo prometo.

OBISPO.—La señora sabe que yo no puedo ser cardenal mientras no se reconozca mi obispado. Todavía no me entregan mis documentos. Maniobras políticas de Roma. Y de los Agustinos. El concepto teológico de la gracia nos separa. Pero no hablemos de eso. Otra cosa me trae ante el Trono.

REINA.—Te haremos cardenal. No lo dudes.

OBISPO.—Señora, mis enemigos...

REINA.—¡Tus enemigos! ¿Quiénes son tus enemigos?

OBISPO.—Los obispos. No hay peor enemigo que el de tu mismo oficio. Ahora mismo me juegan una mala partida. Yo no sé quién. No sé quién. Pero llevo aquí dos meses, y no confieso a nadie, a nadie; y eso no puede ser. No, no, no, no puede ser de ninguna manera. ¿Entonces para qué soy obispo? ¿Para no saber los pecados de nadie? Ah, no, no, de ninguna manera! A mí, o me cuentan ustedes sus secretos, o me dedican a otra cosa. ¡Ah, no, no, no! Tenéis que confesar. Confesar. Así lo manda la Santa Madre Iglesia. Y si no, ¿qué hago yo aquí? Me voy con mi padre. Yo, sin confesar, no soy obispo.

REINA.—*(Con extrañeza.)* ¿Pero confesar a quién? ¿A mí?

OBISPO.—¡Ah, sí, sí, desde luego! La Reina tiene que confesar. La primera. Porque tiene que dar ejemplo.

REINA.—¿Y decirte mis secretos?

OBISPO.—Sí, sí, sí, desde luego. Lo manda la Iglesia.

REINA.—¿Qué yo te diga mis secretos? *(Rompiendo a reír.)* ¡Está loco! ¡Ja, ja, Manuel! ¡Ja, ja! Llévatelo.

DON MANUEL.—Señora: es el señor Obispo.

REINA.—*(Con transición.)* ¡Aaaah! ¡El señor Obispo!

DON MANUEL.—*(Cortando la discusión con serena energía.)* Señor Obispo: la Reina queda enterada de vuestros deseos, y procurará complacerlos. Ahora, acompañadme.

*(Salen los dos. La* REINA *queda pensativa. Vuelve* DON MANOLITO. *Pausa. La* REINA *baja de su trono y pasea tristemente por la escena.)*

REINA.—¿Por qué no viene el Rey?

DON MANUEL.—Todavía no es tiempo, señora. El Rey no puede hacer lo que quiere. Tiene sus ministros, que regulan sus actos. Hasta que ellos no den su consentimiento no vendrá a veros.

REINA.—¿Y por qué no vamos nosotros a buscarlo?

DON MANUEL.—Porque sus tropas guardan por fuera nuestro palacio, y nos impedirían la salida. No sería posible.

REINA.—Yo quiero verlo. Necesito verlo. Algunas veces dudo de que venga. A lo mejor otra mujer más guapa...

DON MANUEL.—*(Con exaltación amorosa.)* ¿Más guapa que tú? ¿Y dónde la encontraría? ¿Dónde buscar unos ojos como tus ojos? ¿Y unos dientes como tus dientes? ¿Y un cuerpo como tu cuerpo? ¿Qué reina podrá competir contigo su realeza?

REINA.—*(Sin prestar atención.)* Quiero ver al Rey. Yo quiero ver al Rey. Que me diga él mismo que se casará algún día, o que me desengañe. Pasa un día y otro y otro, y yo no me caso. Y cada cosa tiene su tiempo. Y hay gente interesada en que yo no me case. No sé por qué; pero la hay, la hay.

DON MANUEL.—¿Quién puede haber que no le interese tu felicidad?

REINA.—La hay, la hay. Ya lo creo que la hay. El médico me ha dicho que yo no soy reina; que quiero serlo porque me enamoré siendo una niña del Rey, y quiero casarme con él. Que él no me conoce ni se acuerda de mí. Sí, sí, sí, sí. Ni se acuerda de mí. Que no me voy a casar. Y eso sí que no. ¡Ya lo creo que no! Dice que no me voy a casar. Que el Rey no puede casarse conmigo. Que me puedo casar *(Maliciosamente.)* con un hombre cualquiera: un abogado, un ingeniero, un médico, ¿comprendes? *(Le hace un guiño malicioso.)* ¿Comprendes? ¡Con un médico! *(Rompe a reír.)* ¡Con un médico!

DON MANUEL.—*(Sorprendido.)* ¡Con un médico! ¿Con él? ¿Te ha dicho con él? ¡Habla! ¡Contesta!

REINA.—*(Sin prestarle atención.)* Es necesario que venga el Rey. Que venga pronto. Díselo tú. Que me quieren casar con un médico. Que no sea tonto, que venga. Pero dile que esté tranquilo. Que a mí no me pasa nada, nada, nada; pero que venga.

DON MANUEL.—*(Con energía, con nervios.)* ¡Vendrá! Yo juro que vendrá el Rey. Y si alguien propone a vuestra majestad algo que sea indigno de vuestro rango, yo mismo le arrancaré la lengua con mis manos. El médico está loco. No hacerle caso. Aquí están vuestras tropas. Vuestro trono. Vuestros ministros. Vuestro palacio. Los caprichos que caigan de vuestros labios serán órdenes reales para todos vuestros servidores. Y si queréis saber si sois la reina, soltad vuestra fantasía en busca de algo que os parezca imposible, y os juro por Dios y por mi honor que ha de tardar en realizarse vuestro deseo aún menos tiempo que el que tarde en formarse en vuestro pensamiento... *(Un toque de clarín corta las últimas palabras de* DON MANOLITO.)

REINA.—*(Con éxtasis.)* ¡El Rey!

DON MANUEL.—El relevo de vuestra guardia.

REINA.—*(Caprichosa e insistente.)* ¡El Rey! ¡El Rey! ¡El Rey!

DON MANUEL.—*(Complaciente.)* El Rey.

REINA.—*(Haciendo mutis, en un arrebato de alegría.)* ¡Mis joyas! ¡Mis vestidos! ¡Mi manto! ¡Mis flores!

BALLINA.—*(Cruzándose con ella. A* DON MANOLITO.) ¿Dónde va esa loca?

DON MANUEL.—*(Haciendo esfuerzos para serenarse.)* No, doctor, nada de locos. La terrible palabra no se oirá nunca en nuestro palacio. Vamos a darle vida a una leyenda. La locura es un sueño continuo.

BALLINA.—*(Con naturalidad.)* Pero la mentira tiene un límite...

DON MANUEL.—*(Francamente nervioso.)* De acuerdo. Ya estamos de acuerdo. Pero dígame ahora mismo, en este mismo instante, cuál es el límite de la mentira.

BALLINA.—Calma, calma, don Manuel.

DON MANUEL.—No, no, no. Si no podrá contestarme, si la mentira no tiene límite, no tiene medida, no puede tener límite. Es una cosa que se mueve continuamente, cambia de sitio como nosotros, va con nosotros mismos, avanza, retrocede, depende de nuestras circunstancias, de nuestra energía, de nuestro valor y también de nuestra voluntad. Sí, sí, doctor, de nuestra voluntad. No es nunca superior a nosotros; siempre depende de nosotros el situarla y, por lo tanto, es indispensable que ahora mismo, en este mismo instante, tracemos usted y yo el límite de nuestra mentira.

BALLINA.—Pero don Manuel...

DON MANUEL.—Sí, sí, sí. Ahora mismo, en este mismo instante. El límite de nuestra mentira es la cancela de nuestro palacio. Hay que doblar en ella la guardia, y que no entre nadie sin nuestro permiso. *(Haciendo mutis.)* Capitán... Capitán... Doblad la guardia de nuestra cancela.

BALLINA.—Tenía razón Carrasco. No hay nada más peligroso que meter la verdad como una cuña en un bloque sólidamente formado por la mentira...

TELÓN

# ACTO TERCERO

Gabinete de consulta del DOCTOR BALLINA, en un rincón del jardín del Manicomio-Palacio de la Reina Beatriz, del cual lo separan unas vidrieras corredizas. los huecos de entrada son formados por las separaciones de dichas vidrieras, al cruzarse. Un diván ancho, forrado de hule blanco, una mesa, unos sillones y unas sillas del mismo color. Sobre la mesa, unas cuartillas. En escena, el DOCTOR BALLINA, con bata de trabajo, y el OBISPO, que viste traje negro de paisano en medio uso y botas del mismo color. Todo en él es desorden. Barba de varios días, camisa sin cuellos ni puños. Cabeza rapada y aspecto triste y resignado. El DOCTOR observa al OBISPO, que pasea por la sala

BALLINA.—La alegría que producirá a tu padre verte ya en vías de curación. Porque tú te curas. ¡Ya lo creo que te curas! Tú eres hombre de gran voluntad, y observo claramente que la has puesto toda al servicio de tu salud. Estoy muy contento contigo. Muy contento. *(Pausa.)*

OBISPO.—*(Sin prestar atención y atento sólo a sus reflexiones.)* Entonces, ¿yo qué soy? Si no soy obispo, ¿qué soy yo? Porque algo seré yo. Usted tendrá razón, pero yo también la tengo. Yo tendré que ser algo. Y ¿por qué no voy a ser obispo? ¿Porque no quieran los demás? ¿Porque usted no quiera?... Yo sé latín. *(Sonríe maliciosamente.)* No mucho, pero el mismo que ellos. *(Vuelve a sonreír. El médico le observa atentamente.)* ¿Usted sabe latín, doctor?... Si usted lo entendiera, le diría algo interesante. De eso me reía. Las cosas de los muchachos. *(Pausa.)*

BALLINA.—Sigue.

OBISPO.—*(Con intención.)* No.

BALLINA.—Sigue, sigue.

OBISPO.—Retentum. *(Sonríe y vacila.)* Retentum, etcétera. Corporis causan morforum est. ¿Usted lo sabía?

BALLINA.—*(Que en su relación con los enfermos ha de usar una gran persuasión con el fin de subyugarlos, de apoderarse de su ánimo.)* ¿Tú recuerdas las cosas de tu niñez?

OBISPO.—Ya lo creo. Como si las estuviera viviendo. ¿A usted le han dicho algo de mí?

BALLINA.—Para que yo pueda decirte lo que tú eres, puesto que estamos de acuerdo en que no eres obispo ni siquiera profeso; para que tu curación sea un hecho; para que vuelvas a la posesión de tu personalidad, es preciso, absolutamente indispensable, que me desnudes tu pensamiento. Calcula que yo soy tu persona de confianza. Que estoy dispuesto a devolverte a tu mundo. A que vivas con tu familia. A que vivas tu vida. A que frecuentes tus amistades. A que te hagas una persona razonable, como eras antes; porque tú nunca has sido así. En los recuerdos de tu niñez vamos a buscar tu salud por razones que te explicaré detenidamente. Pero ahora contéstame a lo que te pregunto. ¿Te acuerdas de las cosas de tu niñez?

OBISPO.—Perfectamente.

BALLINA.—Escúchame. Siéntate aquí. *(Lo sienta en el diván.)* Mira. Yo voy a buscar en tu pensamiento cosas que me interesan para que recobres tu salud. No son las cosas que tú pienses en el momento, sino otras cosas relacionadas con ellas, pero que no tienen, a lo mejor, nada que ver con lo que tú estés pensando. Cuando pensamos una cosa y discurrimos sobre ella van surgiendo otras y otras, y las últimas, a lo mejor, no tienen nada que ver con las primeras, como si fueras enlazando muchos aros, unos con otros, para formar una cadena, y, aunque todos se tocan sucesivamente, el último está muy distante del primero. ¿Comprendes? A lo mejor no tiene nada que ver con él. El primer aro puede ser feo, como la primera cosa que pienses, pero no importa, no tiene nada que ver con lo que vamos buscando. Vamos a ver. Contéstame a todo lo que te pregunte. Sin recelos. Sin reservas. Piensa que de ello depende tu felicidad, tu salida del manicomio, volver a tu vida de siempre; ser otro hombre. Vamos a ver, contéstame: ¿Tú recuerdas las cosas del colegio? ¿A qué edad fuiste la primera vez? Vamos, recuerda, ¿a qué edad fuiste al colegio?

OBISPO.—Muy pequeño.

BALLINA.—¿Cuántos años tenías?

OBISPO.—No recuerdo.

BALLINA.—¿Y antes de que te llevaran al colegio no tienes ningún recuerdo..., ninguno?

OBISPO.—Ninguno.

BALLINA.—¿No hay ningún hecho en tu primera infancia que haya sido recordado por ti en alguna ocasión?

OBISPO.—Ninguno.

BALLINA.—Cuéntame de lo que recuerdes de tus primeras impresiones del colegio. Vamos a ver. Haz un esfuerzo con tu imaginación a ver si puedes llevar tu memoria a los sucesos de aquellos días.

OBISPO.—*(Reflexionando.)* Nada, no me acuerdo de nada.

BALLINA.—Antes me dijiste que te acordabas perfectamente. Voy a creer que tratas de engañarme.

OBISPO.—No. ¿Para qué? Es que... no merece la pena. Muchos desconocidos chiquillos. Profesores antipáticos. Personas extrañas. *(Pausa.)* El primer día me pegué con un muchacho y al segundo también con el mismo. Era el que mandaba en el patio.

Todos le respetaban. Un hombrecito. Me pidió el chocolate de mi merienda. No se lo di. Y quería dárselo, pero no se lo di. Y nos pegamos. Me pudo, y al día siguiente también, también me pudo.

BALLINA.—¿Le guardaste rencor?

OBISPO.—Le huía. No le odiaba, pero le huía. Cuando nos encontrábamos, siempre sentía deseos de pelearme con él.

BALLINA.—¿Peleabas con los demás?

OBISPO.—Sólo recuerdo las peleas que sostuve con él.

BALLINA.—¿Sabrías explicarme por qué?

OBISPO.—Pss. Porque fueron las primeras. Tenía más fuerza, más fuerza que yo.

BALLINA.—¿Recuerdas su nombre?

OBISPO.—Sí. Se llamaba Manolo Isla.

BALLINA.—Vamos a ver. Cierra los ojos. Concentra tu atención en Manolo Isla, y vas diciendo espontáneamente todo lo que vayas pensando al recordar ese nombre. *(Le pone la mano izquierda sobre la frente y con la otra se dispone a tomar notas en sus cuartillas, después de poner el reloj sobre la mesa.)* Vamos a ver. Piensa en voz alta... Manolo Isla... Manolo Isla...

OBISPO.—Manolo Isla... Peleas... luchas... calor... confidencia... rector... *(Se resiste a seguir hablando. El médico anota.)*

BALLINA.—¿Qué te ocurre? Habla.

OBISPO.—*(Sentándose.)* No, nada. No se me ocurre más.

BALLINA.—Manolo Isla confesaba con el rector.

OBISPO.—*(Sorprendido.)* ¿Quién se lo ha dicho?

BALLINA.—Tú.

OBISPO.—*(Con asombro.)* ¿Yo?

BALLINA.—Tú. Tú me lo has dicho todo y yo te prometo curarte.

OBISPO.—¿Pero curarme de qué?... Yo no soy un enfermo. Yo soy...

BALLINA.—Sssss. Tú eres un hombre que está preso en un manicomio porque está enfermo, y vas a salir de él porque yo voy a curarte. Por lo pronto es preciso que yo no vuelva a oírte decir que eres obispo. Esa ficción tuya hay que rechazarla; de lo contrario pasarás el día y la noche en tu celda de aislamiento. Todo los castigos caerán sobre ti, porque conviene que sepas...

DON MANUEL.—¿Qué le ocurre al señor Obispo?

BALLINA.—Le iba a explicar en este momento los peligros que encierra para las enfermedades de la mente la constitución de nuestros colegios infantiles.

DON MANUEL.—¿Y qué tiene que ver con esas cosas el señor Obispo? ¿Desde cuando está permitido al señor Obispo prescindir de sus hábitos y salir de sus habitaciones vestido de seglar?

OBISPO.—Yo no soy obispo, don Manuel, yo no soy obispo. Yo soy un enfermo. Yo soy un loco.

BALLINA.—*(Empujándolo cariñosamente hacia la puerta.)* Vamos, vamos, vamos, don Mariano, nada de niñerías. Usted es un hombre. Un buen hombre. *(Lo despide con unas palmaditas.)*

OBISPO.—*(Saliendo.)* No, no, un loco. Un enfermo.

(DON MANOLITO *queda hondamente preocupado. Va hacia el sillón y se sienta en actitud reflexiva.)*

BALLINA.—Le he dicho todo la verdad.

DON MANUEL.—¿Su verdad? ¿La de usted?

BALLINA.—La verdad.

DON MANUEL.—Cada uno tiene su verdad.

BALLINA.—Yo no conozco más que una para todos.

DON MANUEL.—*(Excitado.)* Eso no es cierto, doctor, cada individuo forma su verdad con los materiales que van bien a su vida. No hay dos vidas iguales. No es posible que haya dos verdades parejas. Sólo el que convive con su propia verdad puede emitir juicios sobre ella. Vive su verdad de asesino el que mata a traición en una callejuela y vive su verdad de héroe el que caza a sus semejantes en la guerra.

BALLINA.—No hay sociedad posible con esa teoría.

DON MANUEL.—Eso no lo sabemos. No sería posible ésta en que vivimos. Para decir lo mismo de otra habría que ensayarlo.

BALLINA.—Calma, don Manuel, calma. No es así como hemos de comentar la buena marcha de nuestros enfermos. Precisamente en este momento estamos en vías de convertir un loco en una persona razonable.

MARCHENA.—*(Desde la puerta, mirando hacia fuera.)* ¡Osú! ¡Osú! ¡Qué lástima!

BALLINA.—¿Qué pasa, Marchena?

MARCHENA.—El señor Obispo que se ha vuelto loco. Se ha quitado los hábitos y va por el jardín vestido de boticario. ¡Osú! ¡Qué lástima! ¡Pobre don Mariano! ¡Tan bueno que era! Cuando decía misa en su cuarto, cada vez que llegaba uno a la ventana empezaba de nuevo. Había veces que se volvía para atrás cuando ya estaba acabando. Todas sus preocupaciones eran que todo el mundo tenía que oír la misa entera, aunque la tuviera que empezar quince veces. ¿Y confesar? ¡No le gustaba nada confesar! ¡Pobre don Mariano! ¡Tan bueno! Yo sé de locos, don Manuel. Leña, mucha leña. El loco, con la pena es cuerdo. Y esto se contagia. Y aquí no va a quedar ni un cuerdo. Y este palacio se acaba. ¡Ya lo creo que se acaba! ¡Al tiempo! Este palacio se acaba.

DON MANUEL.—*(Con energía.)* ¿Acabar con este palacio? ¡Lárgate de aquí, miserable! Y si vuelves a repetir...

(MARCHENA, *asustado ante la actitud de* DON MANOLITO, *intenta salir al mismo tiempo que entra la* REINA, *seguida de varias damas.)*

MARCHENA.—*(Cuadrándose.)* ¡La Reina!

DON MANUEL.—*(Yendo a besar su mano.)* Señora...

MARQUESA.—(DAMA *de la* REINA *a* MARCHENA.) Retírese. ¡Qué desvergonzados son estos plebeyos! ¡Té, champán y carreras de caballos! ¡Ah! Sí, sí. No hay aristocracia sin carreras de caballos. Y té, mucho té. Y bailoteo. Hace falta bailoteo. ¡Mucho bailoteo! ¿Quién ha visto una corte sin bailoteo?

DUQUESA.—Oye, Marquesa, ¿y qué es bailoteo?

MARQUESA.—¡Ah! ¿Tú no sabes? ¡La pobre! ¡Tan joven! Bailoteo, hija, bailoteo. Una fiesta, ¿sabes? Una fiesta en la que todas las señoras nos prestamos los maridos, unas a las otras, nada más que para la fiesta, naturalmente, para la fiesta, para la fiesta. ¡Ah! Sí, sí, sí, sí. Y abrazas al que quieres. Al que te dé la gana. Ellos también se prestan las señoras, como es natural, unos a los otros, para la fiesta, también para la fiesta. ¡Divertidísimo, divertidísimo! Aquí hace falta bailoteo.

DUQUESA.—¿Y por qué no tenemos aquí bailoteo?

MARQUESA.—No sé, hija, no sé; tenemos de todo, de todo, hombres, musica.

DUQUESA.—¿Música?

MARQUESA.—Sí, hija, sí, música. Para el bailoteo hace falta música, mucha música.

DUQUESA.—¿Y por qué no se abrazan sin música?

MARQUESA.—¡Ah, no está bien visto, hija, no está bien visto! Un abrazo sin música no es propio de señoras. ¿Quién ha visto abrazar a un hombre que no es tu marido sin que suene la música? No, hija, no, eso no es posible, de ninguna manera.

DUQUESA.—Pues yo quiero bailoteo sin música. Y que digan lo que quieran. A mí si me abrazara un hombre, que no me hagan ruido.

MARQUESA.—Pero eso no es posible, hija, no es posible. Eso no es correcto. No está bien visto. No sé cómo explicártelo. A ti te gusta un hombre, quieres darle un abrazo, y no vas a decirle: Te espero esta noche en el salón del Marqués de Bras para darte un abrazo. Eso no es posible. La casa no es tuya. No te dejarían entrar los servidores. Las amigas te pondrían como un trapo. Dirían que estabas loca. En cambio, te gusta un amigo, le preguntas con naturalidad: ¿Vas al baile del Marqués? Sí... ¿Bailarás conmigo? Encantado, chica, encantado. Y encantado, encantado, encantado... *(Simula bailar.)*

DUQUESA.—¿Y por qué no tenemos aquí bailoteo?

DON MANUEL.—*(Cortando la conversación.)* Tendremos baile. Esta misma noche dará la Reina, ¿verdad, señora?, una gran fiesta y bailaremos todos, todos, y habrá té y champán y hasta carreras de caballos si queréis.

DAMAS.—¡Qué bien! ¡Qué bien! ¡Qué alegría! ¡Qué alegría!

REINA.—¿Y el médico, también bailará? ¿Bailarás, doctor?

BALLINA.—Bailaré, bailaremos. Pero antes es preciso saber si está dispuesta a seguir mis consejos y a obedecer mis órdenes.

REINA.—¿Obedecer la Reina?

BALLINA.—Ya estamos. Ya estamos. No hay cosa que te perturbe más que tu público. *(A las damas.)* Vamos, vamos; a pasear por el jardín.

MARQUESA.—Ya sabemos, ya sabemos. Vámonos. La discreción, hija, la discreción. Para ser dama de una Reina hay que ser discreta, muy discreta. *(A las otras damas.)* Vámonos, vámonos. A hacernos las tontas. A pasear por el jardín, la discreción, la discreción. *(Mutis.)*

BALLINA.—*(A la* REINA.) Toda tu serenidad se altera cuando hay gente delante. Me encanta hablar contigo cuando estamos solos. *(A* DON MANOLITO.) La enfermedad de Beatriz...

DON MANUEL.—*(Con extrañeza.)* ¿Beatriz? La Reina.

BALLINA.—Exactamente. La enfermedad de la Reina Beatriz requiere un tratamiento de soledad, de sosiego, de silencio, de calma. Estoy convencido. Todo este ruido perturba. Su imaginación se alborota con el más insignificante detalle. Un color, un sonido, una voz cualquiera. Cuando estamos solos, la Reina se convierte en mujer, da gusto oírla. ¡Tan joven! ¡Tan guapa! ¡Tan simpática! ¡Tan razonable! Cuando hay alguien delante, la mujer se convierte en reina, se altera, se perturba, se alborota.

DON MANUEL.—Si es mi presencia la que le estorba, puedo retirarme.

BALLINA.—Sí, don Manuel, retírese. También he de hablar con usted muy despacio. Lo encuentro nervioso, excitado... Tenemos que charlar... Pero luego, más tarde. Ahora quiero ver si fijo en un solo punto, en una sola dirección, esas vibraciones disconformes de esta bella cabeza. ¡Cuánto daría yo por conseguirlo! Márchese tranquilo, don Manuel, márchese tranquilo. A ver si Dios quiere prestarme su ayuda. *(Pausa. En* DON MANOLITO *luchan diversas emociones.)*

DON MANUEL.—Es ella quien debe ordenarlo.

REINA.—El médico lo pide... Yo... lo ordeno.

DON MANUEL.—*(Excitado.)* Sea. Pero no olvide, doctor...

BALLINA.—*(Interrumpiéndolo.)* Qué he de olvidar yo, don Manolito.

DON MANUEL.—No olvide, doctor, que la terrible palabra no se oirá nunca en nuestro palacio. Que nuestra vida es un sueño continuo. Que la verdad es una para cada invididuo. Una sola para cada uno. *(Mutis.)*

BALLINA.—¡Pobre don Manuel!

REINA.—Está loco.

BALLINA.—Pudiera estarlo. Pero vamos a ver. Siéntate aquí. *(Se sienta en el diván.)* Fuera esa corona. *(Se la quita y la pone encima de la mesa.)*

REINA.—*(Con coquetería.)* ¿Irás al baile, doctor? ¿Bailaremos?

BALLINA.—Iré. Pero ahora dime: *(Con persuasión.)* tú estás enferma. Quedamos ayer en que tú estás enferma.

REINA.—*(Aceptándolo todo tiranizada por sus deseos sensuales.)* Sí.

BALLINA.—Tú, siendo pequeña, tenías un retrato del Rey, a través de cuyo retrato te enamoraste del monarca.

REINA.—¿Irás al baile? ¿Bailaremos?

BALLINA.—Tú, siendo pequeña, te enamoraste de un retrato del Rey.

REINA.—*(Vacilante.)* Sí.

BALLINA.—Tú estás enferma y yo voy a curarte.

REINA.—Sí.

BALLINA.—Bueno. Cuéntame ahora tu último sueño. ¿Qué soñaste anoche?

REINA.—Anoche, anoche.

BALLINA.—*(La echa en el diván.)* Cierra los ojos y dime qué soñaste anoche.

*(Entra sigilosamente* DON MANUEL *y se dispone a escuchar sin ser visto.)*

REINA.—¿Irás al baile? ¿Bailarás conmigo?

BALLINA.—Sí. Bailaremos. Pero dime lo que has soñado. Cuéntame tu sueño.

*(Pausa. El médico vuelve a sentarse.)*

REINA.—Soñé... Me da mucha vergüenza.

BALLINA.—Vamos. Habla. *(Le apoya una mano en la frente.)* Habla.

REINA.—*(Con emoción.)* Soñé contigo... Me visitabas en mi cuarto y yo estaba muy contenta...

BALLINA.—¿Llevaba yo puesta una corona?

REINA.—No.

BALLINA.—¿Ni ninguna prenda del Rey?

REINA.—Ninguna.

BALLINA.—¿Cuando has soñado otras veces con hombres, no llevaban corona?

REINA.—Siempre. Todos los hombres de mis sueños llevaban corona.

BALLINA.—¿Y yo?

*(Sobre la figura de la* REINA *una luz blanca.)*

REINA.—No. Tú eras en mi sueño como eres: delgado, moreno, agradable, simpático.

*(Sobre la cabeza de* DON MANOLITO *una luz roja.)*

Y tus ojos, ¡qué raro!, tus ojos, ¡qué raro!, tus ojos pronunciaban palabras que yo oía llena de regocijo... Me decías que yo estaba enferma. Que tú ibas a curarme. Que me ibas a sacar de aquí. Que seríamos felices. Y yo, yo te creía.

*(Sobre la cabeza del* DOCTOR *una luz verde.)*

BALLINA.—Y puedes creerme. Tú estás enferma y yo voy a curarte.

(DON MANOLITO, *que habrá ido acercándose sigilosamente, lo cogerá del cuello, impidiendo que pronuncie la última sílaba. Atenazándole la garganta entre sus manos, irá venciéndolo poco a poco hasta dejarlo muerto sobre el suelo. Toda la escena, roja.)*

REINA.—*(Abriendo los ojos se pone en pie y permanece un momento muda de terror.)* ¿Qué?... ¿Qué?... ¿Qué?...

DON MANUEL.—Muerto. Lo maté yo.

REINA.—¡Muerto! ¡Muerto! *(Gritando.)* ¡¡Mueeeerto!! *(La coge un temblor convulsivo y bajando la voz.)*

DON MANUEL.—*(Gritando.)* Se mató él. Lo mataste tú. Tú.

REINA.—*(Temblando.)* No, no, no. Lo mataste tú. No, no, lo mató él. *(Gritando.)* ¡Lo mató el Rey! ¡El Rey!

DON MANUEL.—Lo mató el Rey. *(Va hacia las vidrieras, descorriéndolas. Queda al descubierto el hermoso jardín del Palacio, gritando más.)* ¡¡Lo mató el Rey!! ¡¡Cosacos y coraceros!! ¡Lo mató el Rey! ¡¡Alineación!!

*(Aparece un loco vestido de soldado que figura ser cornetín. Llama a formación y de todas partes van saliendo locos atropelladamente, alineándose en el lado izquierdo del jardín. También forma la banda militar de cornetas y tambores.)*

¡¡Lo mató el Rey!!

*(La* REINA, *sobrecogida de espanto, se refugia cerca del jardín. El cadáver del médico queda pegado a las candilejas. En el lado contrario y en el primer término,* DON MANOLITO.)

¡¡Cosacos y coraceros!! ¡¡Lo mató el Rey!! ¡¡¡Por traidor!!! ¡Maldición sobre los traidores! ¡La sangre salpique la tierra que pisen! ¡Los perros devoren la lengua que miente! ¡Cara dando a la Reina, vais a hacer un desfile, y las roncas trompetas que resuman la fiesta! Y la Reina que mire desfilar a sus tropas.

*(Empiezan a sonar las trompetas y a desfilar las tropas, dando cara a la* REINA. *Sus trajes son fantásticos y sus mausers simulados, de caña. Progresivamente irán sonando los tambores.* DON MANOLITO, *gritando desaforadamente.)*

¡¡Y la Reina!! ¡¡Y la Reina!! *(Se lleva las manos a la cabeza mientras cae, el*

TELÓN MUY LENTO

# «ZAYA»

## COMEDIA EN TRES ACTOS
## Y EN PROSA

# ACTO PRIMERO

## ESCENA I

DON ANTONIO, FRANCISCO y luego BEBEL

*(Al levantarse el telón aparece* DON ANTONIO, *sentado.)*

CRIADO.—*(Desde la puerta.)* Un hombre del campo quiere hablar con el señor.

DON ANTONIO.—Que pase.

FRANCISCO.—*(Desde fuera.)* ¿Da usté su permiso?

DON ANTONIO.—¡Adelante!

*(Entra* FRANCISCO.)

¿Qué te trae por aquí?

FRANCISCO.—Quería hablá con usté.

DON ANTONIO.—¿Qué pasa?

FRANCISCO.—Pue pasa, que me ha dicho el jardinero, que la señorita le ha mandao que, con quince o veinte hombres, arranque el trigo de la jaza de la Misericordia pa que luzcan ma la amapola; y él ha querío consultarlo conmigo y yo quería consultá con usté.

DON ANTONIO.—¿Que arranque el trigo pa que luzcan las amapolas? No, hombre, eso no es posible. Eso será una broma.

FRANCISCO.—No tiene na de broma. Hasta le parecía tarde mañana y como la gente quería jolgar esta tarde pa í al herraero del Conde, ella ha dicho que no vayan pa que hoy mismo quearan limpia la amapola.

DON ANTONIO.—No hagas caso, hombre; yo hablaré con la señorita y me enteraré bien de lo que hay. Estoy seguro que es una equivocación o una broma. De todas maneras, ahora hablará ella al jardinero. ¿Qué otra cosa quieres?

FRANCISCO.—Quería decirle a usté, que la estaca que se han plantao este año, hay que regarla, porque parece que no quiere llové y se van a perdé la estaca y el tiempo que se ha tardao en plantarla. Y quería preguntarle a usté también, qué le paece que hagamos con lo garbanzo: si le damo un repaso con la regabina o lo limpiamo con lo escardaores.

DON ANTONIO.—La cuba la pediremos mañana mismo. Y los garbanzos, puedes hacer lo que a ti te parezca mejor. Yo no me acuerdo en este momento cómo se labran los garbanzos; casi, casi, no me acuerdo ni cómo se comen. Tú sigue maniobrando como si yo todavía estuviera ausente, como cuando estaba en Inglaterra y toda la iniciativa era tuya, que, poco a poco, me iré enterando y, poco a poco, me iré encargando de las cosas yo solo sin que tú me vuelvas a preguntar nada hasta que yo te avise; que cada vez que me preguntas una cosa y no sé contestarte, parece que mis tierras y mis hombres y mi ganado y mis chismes de labranza me reprochan algo malo que he hecho con ellos.

FRANCISCO.—Los hombre de esta casa no tenemo na que reprochá a usté. En toas parte del mundo hay hombre iguales a nosotros, quizá mejore; cuando usté ha preferío está con ello serán mejore;

pero la tierra y el ganao y lo apero de labranza no se quejan porque no puen, pero tienen envidia. Juanita, la hija del casero, la que se fue de doncella con la señorita, nos escribía desde donde estaban ustede y nos contaba mucha cosa: el campo —nos decía— e aquí mu malo, pero lo cuidan mucho; el que rodea la casa no cría ni yerba, pero lo siembran y lo resiembran y le echan abono y le echan estiérco de cuadra y lo labran y lo riegan y lo cuidan, y aunque no sirve pa na, acaba por ponerse mu verde y mu bonito, tan verde y tan bonito como el manchón de la era del cortijo en el me de mayo.

Lo caballo son largo, flaco y desangelao: pero también lo cuidan mucho: a la cuadra le llaman «Bó» y son habitacione mejore que la nuestra; siempre lo están limpiando, lo tapan con manta como si fueran persona y comen lo que quieren; la cebá y la avena se la jacen torta pa que la coman mejó; y también acaban por ponerse mu bonitos, tan bonito como lo potro de nosotro cuando vienen del campo pa vendérselo a la remonta. Aquí no se labra con reja ni con arao de palo. Tampoco hay bueye ni yunta de mula. To se hace con máquina que son mu antipática y hacen mucho ruio, pero están mu limpia y mu pintada, tan limpia y tan pintada como la trilladora de nosotros cuando se guarda... Y yo leía la carta en la gañaría y to nos queábamo mu callao... Y al día siguiente, se no figuraba a nosotro que la tierra el ganao y lo apero de labranza... *(hace una pausa)* estaban enfaaos con el señorito. Quizá fuéramos nosotro mismo lo que llevábamo dentro el enfao; pero nosotro no poemo enfaarno. Hombre de que echá mano y que den el avío, pue que lo haya en cualquie parte; apero de labranza pue que lo haya por ahí mu pintaíto; pero tierra como esta tierra, y ganao como el ganao de esta tierra, no lo hay ni ande ha estao usté, ni en ninguna parte del mundo.

(*Entra* BEBEL.)

BEBEL.—(*A* ANTONIO, *hablándole en inglés.*) ¿Tardas mucho en despachar con este hombre? (*Will you be long settling with that man?*) (*Pronunciación: Uil yu bi long setlin uiz dat man?*)

DON ANTONIO.—Un momento. Se marchará en seguida.

(*A moment. He will won be off.*)

(*Pronunciación: Ei moument. Ji uil uón bi of.*)

BEBEL.—Está bien. Me siento, quiero hablarte.

(*All right. I'll take a seat. I wish to speak to you.*)

(*Pronunciación: Ol rait. Ail teik ei sit. Ai güish tu spik tu yu.*)

FRANCISCO.—(*Sin dar tiempo a que le hablen.*) ¿Mandan algo los señore?

DON ANTONIO.—Nada, Francisco, puedes retirarte. Mañana a las ocho prepara los caballos. Quiero recorrer contigo esos campos, enfermos de envidia, y contigo desenfadarlos a fuerza de cuido y de esmero. ¡Anda condiós, hombre, anda condiós! Y dile a la gente que pueden ir al herradero del Conde, que no hay que limpiar las amapolas.

FRANCISCO.—Hasta mañana.

DON ANTONIO.—Hasta mañana.

BEBEL.—Hasta mañana.

## ESCENA II

BEBEL y DON ANTONIO

DON ANTONIO.—¿Qué creerás que ha mandado tu hija al jardinero?

BEBEL.—Alguna niñería.

DON ANTONIO.—Que arranque el trigo de una haza entera para que luzcan y crezcan las amapolas.

BEBEL.—¡Qué loca!

DON ANTONIO.—La ocurrencia no creas que es ninguna tontería. Sería bonito escardar las sementeras dejando sólo las flores silvestres. No es a ella a la primera que se le ocurre; yo también lo pensé muchas veces. Pero los hombres no nos atrevemos a mandar nada que vaya contra lo útil. Las mujeres, sí. Es más, basta que una cosa sea útil, para que les resulte antipática y si eso estorba a algo que a ellas les resulte bonito son capaces de sacrificarlo todo, aunque sea trigo. A mí la ocurrencia, dentro de ser una cosa incoherente, me parece bien.

BEBEL.—*(Cariñosamente.)* Porque eres tan tonto como tu hija. A nadie se le puede ocurrir, delante de unas tierras sembradas de trigo y salpicadas de amapolas, arrancar el trigo y dejar las flores. Lo razonable es hacer lo contrario. Yo no vacilaría aunque no fuera más que porque no me tomaran por loca.

DON ANTONIO.—Pero no me negarás que sería bonito, si, como tú dices muy bien, no nos tomaran por locos. Yo, como comprenderás, no pienso hacerlo; pero es molesto que hasta cuando pensamos una cosa, influyan en nosotros las opiniones de la gente.

BEBEL.—Sí, pero de otra manera no se puede vivir en la vida.

DON ANTONIO.—Tienes, como siempre, razón y me alegro que me lo recuerdes. Hay que advertir a Mary y a Toni cómo son las cosas en Andalucía, porque lo que en la sociedad que frecuentábamos era natural y corriente, en esta otra que vamos a vivir resulta extravagante y algunas veces ridículo, para estos hombres rudos y sencillos...

BEBEL.—*(Interrumpiéndole.)* ¿Pero han hecho algo que...?

DON ANTONIO.—No, nada que tenga importancia. Esto mismo de las amapolas. Toni, que monta a caballo con silla vaquera y briches... ¡Tonterías de esas...!

BEBEL.—De eso venía hablarte.

DON ANTONIO.—Me alegro que hayamos coincidido.

BEBEL.—¡No! Si no coincidimos.

DON ANTONIO.—¿Entonces...?

BEBEL.—Verás: Espeleta, desde que llegó, parece otro hombre. Ya no hay forma de que se ponga un cuello. Cuando habla de ti, dice, pomposamente: el mataó. Se ha puesto una guayabera blanca y una gorrilla, y se lleva todo el día con la Miss y con José Antonio, hablando no sé cuántos disparates y tonterías. La Miss también ha cambiado y por completo; y entre ella y Espeleta han puesto el cuarto de tu hijo que parece un museo taurino. Anoche han roto el jarro del agua del salón de estudio porque tu hijo empezó a torear a la Miss con una muletilla que le dio Espeleta y en uno de los movimientos se llevó por delante todo lo que había encima de la mesa. Tu hijo se asustó un poco y entonces Espeleta le dijo: «Esto no es ná, esto no es ná.» — ¿Y si me riñe mi madre? — «Si te riñe tu madre —le contestó— le dices, que comiendo yerba están los que van a da pa comprá una cristalería entera.»

DON ANTONIO.—Esa ocurrencia tiene gracia.

BEBEL.—A mí no me ha hecho ninguna. Sólo faltaba que después de llevarnos catorce años en el extranjero, esclavos de la educación de los chicos, venga un mozo de estoques a tirarlo todo por tierra con sus consejos y sus tonterías.

DON ANTONIO.—No hay que tomar las cosas tan en serio. Estoy seguro que todo eso no ha pasado de ser una broma. Espeleta sabe nuestra decisión con lo que respecta a los muchachos y es lo suficientemente listo para comprender a lo que se expone. Estáte tranquila que yo le leeré la cartilla. Pero te repito que nada de eso tiene importancia. ¡No faltará más!

BEBEL.—Yo pienso, y venía a advertírtelo, quitar

de la casa todas las cosas que se refieran a los toros: cuadros, fotografías, dibujos, carteles, todo lo que pueda ser una visión que fomente las aficiones de tu hijo.

DON ANTONIO.—No creo que eso influya en nada; pero, en fin, si a ti te parece, quítalo; tampoco está de más. Pero te repito que no creo que esos recuerdos influyan en José Antonio con la edad que tiene.

BEBEL.—Sí influyen, Antonio, sí influyen; y tienes tú un poco la culpa con la ocurrencia de hacer de Espeleta tu ayuda de cámara. Yo no sé dónde ni cómo han hablado, pero tu hijo, el día que llegó, le explicó a su hermano todo lo que significaban las suertes del toreo de cuadros, dibujos y fotografías. Los toros los conoce por su marca y algunas corridas de las que anuncian los carteles que están en la galería las explica como si las hubiera visto. Ayer comentaba yo el colorido de un cartel de Roberto Domingo, y muy serio y muy ceremonioso, me dijo: «En esa corrida le dieron a mi padre una cornada en el muslo y sin retirarse a la enfermería le dio seis pases naturales y una estocada en lo alto, la plaza crujió de las ovaciones que le tocaron y la oreja se la llevó Espeleta a la mesa de operaciones.»

DON ANTONIO.—Y es verdad. Un cartel de Roberto Domingo de una corrida de Valencia.

BEBEL.—Déjate de detalles, Antonio; por lo mismo que es verdad, hay que acabar con todos esos recuerdos.

DON ANTONIO.—Como tú quieras. Si a ti te parece conveniente, quítalos todos. A mí no me inquieta que Toni se sepa de memoria todas las inscripciones de las copas ganadas por ti en los campeonatos de tenis...

BEBEL.—No es lo mismo el tenis que los toros.

DON ANTONIO.—Pero es lo mismo el fundamento del recuerdo. De todas maneras, sin que dejemos de tomar nuestras medidas, no te inquietes por esas tonterías. No hay que pensar en ello. ¡No faltará más!

## ESCENA III

BEBEL, DON ANTONIO, TONI y MARY

*(Entran en escena* TONI *y* MARY, *en trajes de jugar al tenis, con las raquetas en la mano.)*

TONI.—*(Al entrar.)* Papá, acabo de dar una paliza a tu hija, de padre y muy señor mío.

MARY.—No hagas caso, papá, no ha sido más que un desquite.

TONI.—¿A eso le llamas tu desquite? ¡Qué fresca!

MARY.—Le llamo desquite porque esta mañana te di yo el baño.

BEBEL.—*(Con extrañeza.)* ¿El baño?

MARY.—Sí, mamá, el baño. Es una frase de Espeleta muy gráfica y muy graciosa. «Le di un baño que lo vorví loco.»

TONI.—El baño me lo voy yo a dar ahora; pero me hubiese gustado que Espeleta hubiera presenciado tu derrota.

MARY.—Pues nada, hubiera dicho que una mala tarde la tiene cualquiera.

BEBEL.—¿Pero qué sabe Espeleta de estas cosas?

MARY.—¡Uf!, una barbaridad, mamá, una barbaridad. Además, es divertidísimo. En Londres, no se perdía un partido como yo jugara. Cuando me veía con la raqueta en la mano, me decía: «¿Quién es el otro mataó?» — Fulano —. «Pos vamos a darle un repaso, que aquí no hay quien varga una perra gorda.» Cuando hacía una buena jugada me decía: «¡Olé!» A las pelotas rápidas las llamaba de Miura, y a las suaves, de Benjumea. Un día que recogí una pelota muy violenta, me dice muy ceremonioso: «Ésa venía por el dinero de la temporá. ¡Buen pase le has dao, mujé!» Al principio no lo entendíamos nadie, pero, al poco tiempo, no se hablaba de tenis más que en el lenguaje de Espeleta. A los jugadores que los ganábamos fácilmente les llamábamos de Benjumea, y a los difíciles de ganar, les llamábamos de Miura...

BEBEL.—Basta, basta, basta, que vamos a salir todos toreando. *(Empuja a los chicos hasta la puerta.)* Andando, a bañarse y a cambiarse de ropa. *(Al marido, lentamente.)* Y tú, Antonio, me haces el favor de tomar cartas en este asunto. Evítame que tenga yo que decirle a Espeleta lo que tú sólo debes decirle.

DON ANTONIO.—Los dos, tonta, se lo decimos los dos. Tu pensamiento y el mío podían vivir juntos en la misma cabeza. Espera. No te vayas. *(Va hacia la puerta. Llamando.)* ¡Espeleta...! ¡Espeleta...!

*(Fuera y a lo lejos se oyen rumores de gritos y aplausos. Los dos quedan un poco perplejos.)*

MARY.—*(Desde dentro, gritando.)* ¡Mamá, mamá, pronto, subir a la terraza, que los huelguistas vienen hacia aquí gritando!

## ESCENA IV

MISS, ESPELETA, JOSÉ ANTONIO, TONI, MARY, BEBEL, DON ANTONIO y gente del campo

*(Salen los dos. Los gritos se oyen cada vez más próximos y más fuertes hasta que se convierten en alboroto de entusiasmo.*

*Entra la* MISS, *alborotado el pelo, sofocada; la sombrilla abierta y rota. Cuadro de alegre humorismo.)*

MISS.—¡¡Viva Spain!! ¡¡Viva Spain!! ¡¡¡Hurra Spain!!!

*(Detrás, inmediatamente, un grupo de quince o veinte campesinos, con* JOSÉ ANTONIO *sobre sus hombros, como flotando sobre la ola humana y* ESPELETA *enfrente, se desbordan en escena gritando.)*

¡¡Viva José Antonio!! ¡¡Vivan los toreros buenos!! ¡¡Vivan los toreros buenos!!

ESPELETA.—¡¡¡Viva mi mataó!!!

TODOS.—¡¡Viva!! ¡¡Viva!!

BEBEL.—*(Entrando atropelladamente y gritando a la* MISS *en inglés.)* ¡Basta ya, vieja estúpida! ¡Prepare su equipaje hoy mismo! ¡¡¡Salga de aquí, pronto!!! *(That's enough, stupid old woman! Make your thing ready just to day! Do go, at once!!!)*

*(Pronunciación: Dats inof, stiupid ould vuman! Meik yor cings rédi yost tu dei! Du gou, at uans!!!)*

*(En tanto, ha entrado* DON ANTONIO, *que queda majestuosamente enfadado ante el grupo.* JOSÉ ANTONIO *se desliza hasta el suelo, sin soltar la muletilla que trae en la mano. Queda tristemente azorado.)*

DON ANTONIO.—(A los del grupo.) ¡Largo de aquí! Que os entreguen la cuenta ahora mismo y que yo no vuelva a ver una cara de éstas en el cortijo *(pausa). (Salen todos.) (A* ESPELETA.) Si no fuera por lo que es, en este mismo instante te ponía en medio de la calle. Se necesita ser un bandido para pagar de esta manera lo que por ti se ha hecho. En adelante, entérate bien de lo que voy a decirte, pronunciar una sola palabra que se refiera al toreo es firmar tu expulsión de esta casa. *(Al hijo, con enojo.)* Y tú, si vuelves a coger en tus manos un capote...

JOSÉ ANTONIO.—*(Lloriqueando y acercándosele sumisamente.)* Papaíto, papaíto...

*(Apenas da tiempo a que se forme el grupo. La palabra del padre cortada, el gesto emocionado. Cae el telón.)*

TELÓN RÁPIDO

# ACTO SEGUNDO

## ESCENA I

La MISS, JOSÉ ANTONIO, luego ESPELETA y más tarde DON ANTONIO

MISS.—*(Hablando en español trabajosamente y con marcadísimo acento.)* Todo tu inglés es lleno de incorrecciones. Te he oído decir que el caballo negro es ligero y en buen inglés el calificativo es siempre delante: el negro caballo es ligero. Hay que decir exactamente como se piensa. Para hablar español pensar como español; para hablar inglés pensar como inglés.

JOSÉ ANTONIO.—¿Y cómo puede un español pensar como un inglés?

MISS.—Fácilmente. Viviendo su vida, leyendo sus libros, haciéndose a sus costumbres...

JOSÉ ANTONIO.—Eso es hacerse inglés.

MISS.—Precisamente.

JOSÉ ANTONIO.—Y se deja de ser español.

MISS.—No; se puede ser inglés y español.

JOSÉ ANTONIO.—Yo eso no lo comprendo, Miss. Ahora, cuando traduzco al español lo que oigo en inglés, me parece que está mal dicho. Antes, cuando traducía al inglés lo que oía en español, me daba risa, me parecía que en España no sabían hablar.

MISS.—Sí saben; pero piensan de otra manera y hablan de otra forma.

JOSÉ ANTONIO.—¿Y yo cómo tengo que pensar?

MISS.—De las dos maneras.

JOSÉ ANTONIO.—No puedo, Miss, no puedo. Me equivoco. Seguiré pensando en inglés como piensan todos.

ESPELETA.—*(Entrando.)* Sí, hijo, sí, como piensan todos. Tos menos yo, que pienso como no piensa nadie en el mundo.

JOSÉ ANTONIO.—¿Tú cómo piensas, Espeleta?

ESPELETA.—Yo con la sangre. To er mundo piensa con la cabeza: yo pienso con la vena. ¿Te paece raro? ¿No? Po e mu sencillo.

JOSÉ ANTONIO.—Ni te comprendo a ti, ni comprendo a la Miss.

ESPELETA.—¿Qué dice la Miss?

JOSÉ ANTONIO.—Que los ingleses piensan de una manera y los españoles de otra.

ESPELETA.—¡Naturalmente! Eso era lo que yo te quería decir. Los inglese piensan con la cabeza y arguno españole pensamo con la sangre. Y no te meta en ma averiguacione que no vamo a formá un lío. Si quiés vení a lo toro esta tarde, píele permiso a tu padre, pero sin decirle que yo te he dicho ná.

JOSÉ ANTONIO.—No, no se lo pido, no le gusta y no quiero que se ponga serio. Voy al fútbol con Toni. Juega el Sevilla contra el Irún; perderá el Sevilla, me lo ha dicho Toni.

ESPELETA.—Toni, Toni sabe de eso; y tú también va teniendo tipo de *fubolista*. ¡Qué lenvamo a hacé! Y usté señora: ¿Al *fúbol*?

MISS.—Yo no querer fútbol. Yo iría toros, pero la señora... ¡Oh la señora! ¡Qué enojos toros!

ESPELETA.—Píale usté permiso. Yo la llevo. Torea un torero que tiene armao un escándalo. Es peruano. Y menos mal que toavía en er Perú no es un crimen dedicarse a torero.

MISS.—Torero, torero. Si José Antonio fuera mío lo dedicaba a torero. ¡Qué bonito ser torero! Si en Inglaterra tuviéramos toreros no faltaría de nada en Inglaterra, pero...

ESPELETA.—Lo hombre de Inglaterra no sirven pa torero.

MISS.—¡Qué lástima, qué lástima! ¡Tan bonito como es ser torero!

ESPELETA.—Dígalo usté muy arto, señora. ¡Tan bonito como e ser torero! Y, sin embargo, aquí paece que es un crimen. Hasta los retrato de los toro lo han escondío como si fueran retrato de mujere en cuero. Le meten a la criaturita esas cosas en la cabeza y va a llegá er momento en que lo hombre de España tampoco sirvan pa torero. Si usté hubiera venío aquí cuando er padre de este niño era torero hubiera usté visto cómo eran lo hombre en España. Paece que le estoy viendo la primera tarde que toreó con Bocanegra en Madrí: la plaza estaba de bote en bote. Era corría de Beneficencia. En el parco regio toa la familia reá. En er tendío ma mujere que hombre. En la puerta dos mí persona que no poían entrá. Se iba a vé aquella tarde quién era mejó de los do. Cuando entré en er callejón con lo estoque en la mano, iba temblando como no he güerto a temblá en mi vida. Yo no he visto una cosa ma bonita que er coló de la plaza aquella tarde. Mi mataó tenía una corná envainá en er pecho que le cabían lo cuatro deo de una mano, pero había que toreá aquella corría pa que nadie pensara malamente de e, que lo torero que tienen vergüenza cuidan hasta der pensamiento de lo enemigo. Y salió herío, y to lo que yo le diga a usté es poco. Cuando salimo haciendo er paseo parecían lo torero bichito de lú en medio del entusiasmo de aquer gentío. En er quinto toro, no se veía en la plaza ma que la figura de don Antonio; parecía que lo llenaba to. Había toreao un toro a su gusto y lo mató como nadie ha vuerto a matá desde que e se retiró der toreo. Er toro rodó hecho una pelota. Y er mataó en los medio, solo, con la mano llena e sangre en arto, la muleta caía al lao der muslo, la cara serena, pero artiva. Y la gente que estaba en lo arto parecía que la tenía a sus pies hasta donde llegaban lo sombrero que poco a poco iban tapando toa la arena. Los colore der tendío se borraron y toa la plaza se puso blanca piiendo la oreja. Y e, en lo medio, solo, sereno, artivo, como una estatua der Benlliure.

JOSÉ ANTONIO.—*(Que ha prestado poca atención al relato.)* ¿Qué hora es, Espeleta?

ESPELETA.—La hora de lo toro, que en esta casa suena poca vece.

JOSÉ ANTONIO.—¿Pero en tu reló?

ESPELETA.—En mi reló ninguna. Cuando hablo de tu padre se quea parao mi tiempo.

JOSÉ ANTONIO.—*(Impaciente.)* Dime qué hora es. Tenemos que ir temprano para colocarnos en la portería del Irún.

ESPELETA.—*(Socarrón.)* En Irún ponía yo una portería y me metía yo dentro, y ya hablaríamos despacito de *fútbol*. Son la tré y media, hijo, la tré y media. *(Aparte.)* ¡Cómo me lo están cambiando!

DON ANTONIO.—*(Entrando.)* Buena voz tienes, Espeleta. Te estaba oyendo desde mi cuarto y me estaba dando envidia tu memoria. *(A* JOSÉ ANTONIO.) Toni te anda buscando.

JOSÉ ANTONIO.—Vámonos, Miss. Adiós, papaíto.

*(Salen ambos.)*

## ESCENA II

ESPELETA y DON ANTONIO, luego BEBEL

DON ANTONIO.—*(Socarronamente.)* ¡Qué tarde aquella de la Beneficencia! El éxito, el ruido, la zaragata... y luego, por la noche, el café con tu tertulia de taurinos: que si yo, que si Bocanegra... y tú hablando en plural: nos ha tocado un toro en Valladolid..., hemos matado un toro en Valencia... y tu público —que tú también tenías tu público— con la boca abierta. Y luego los trenes, las ferias, los fonduchos, los empresarios, los admiradores...

ESPELETA.—Las admiradoras...

DON ANTONIO.—También las admiradoras. ¡Un encanto, un verdadero encanto!

ESPELETA.—¿Pero lo dices en broma?

DON ANTONIO.—No, hombre, no, ¡qué disparate! En serio. Un verdadero encanto; sobre todo, para ti. ¡Cómo disfrutabas, Espeleta, cómo disfrutabas! *(Pausa.)* ¿A que te gustaría vivir otra vez aquella vida?

ESPELETA.—Seguro.

DON ANTONIO.—Ya lo creo.

ESPELETA.—Ya lo creo. Pero no por vorvé a tené veinte año. Con la edá que tengo, con dié año má, sin poé moverme de viejo, arrastrándome por el suelo, poé vorverme una vé siquiera y decile desde er callejón a un tendío entero, mientras limpiaba la sangre del estoque: este es er mejó torero que habéis visto. Es mejó que su padre veinte vece, ¡qué ya es decí! Y después, morirme. Si quieres cortarme la lengua, córtamela, pero no me tires de ella que mi lengua no sabe hacerse rogá.

DON ANTONIO.—¿Por qué he de cortarte la lengua? Mientras que sea a mí a quien hables de esas cosas ¿qué importa? Ni siquiera hace falta que las digas. Ya sé que las piensas. Lo que no quiero es que hables de esas cosas a los muchachos. Es provocar disgustos y producir inquietudes inútilmente.

ESPELETA.—Sobre ese particulá podéis está tranquilo. Ya no hay peligro de que sea torero. Ha perdío la afición.

DON ANTONIO.—¿Ha perdido la afición?

ESPELETA.—Der tó. Si tú lo hubieras visto la tarde que toreó la becerra...

BEBEL.—*(Entrando.)* ¿Vas a necesitar el chófer esta tarde?

DON ANTONIO.—No. ¿Por qué?

BEBEL.—Yo quisiera llevar a Mary a las carreras.

DON ANTONIO.—Habrá que ver cómo hacemos; porque los niños quieren ir al fútbol y el coche tuyo no sé si estará listo.

ESPELETA.—¿Quiere el señor que me entere?

DON ANTONIO.—Sí, dile a Felipe que prepare el coche grande, que va a salir la señora.

ESPELETA.—¿Mandan algo más los señores?

DON ANTONIO.—Nada.

*(Sale* ESPELETA.)

BEBEL.—Podemos dejarlos a ellos y luego mandar el coche a que los recoja. Ellos acabarán antes y pasarán por nosotras.

DON ANTONIO.—Bueno.

BEBEL.—¿Tú no vienes?

DON ANTONIO.—No. Déjame que haga números.

BEBEL.—¿Ya no te gustan las carreras?

DON ANTONIO.—Sí. ¿Cómo no me van a gustar? Lo mismo que antes. Pero si vieras que me pasa una cosa rara. Al principio de llegar andaba con más libertad, con menos prejuicios; sabía que me criticaba la gente mis gustos y mi manera de vivir y no le daba importancia, porque, en realidad, no la tenía; y, sin embargo, ahora empiezo a preocuparme de estas cosas. Ya ves que es una tontería: pues no me va gustando que me critiquen.

BEBEL.—Pero, tonto, unas carreras de caballos en Sevilla, donde va todo el mundo ¡no sé qué pueden criticarte...!

DON ANTONIO.—¡Tonterías, Bebel, tonterías! Cosas de momento. Mañana, a lo mejor, pienso lo contrario. No hagas caso.

(MARY *entra con el sombrero de su madre en la mano.)*

## ESCENA III

BEBEL, DON ANTONIO, MARY. Luego, TONI y JOSÉ ANTONIO

MARY.—Mamá, es tardísimo. Toma tu sombrero. Vamos a llegar cuando estén merendando.

BEBEL.—*(Poniéndose el sombrero.)* Llama a tus hermanos.

MARY.—Ya vienen ahí.

*(Entran* TONI *y* JOSÉ ANTONIO. *Todos están elegante y lujosamente vestidos. Toni, un poco «niño bien».)*

TONI.—¿Vamos o nos vamos nosotros?

BEBEL.—Ya vamos, ya vamos. Pregunta por el coche.

TONI.—El coche está listo hace un siglo.

BEBEL.—Pues andando. *(Van saliendo.)* *(A* ANTONIO). ¿No vienes?

DON ANTONIO.—No, déjame que me quede.

*(Salen todos.* DON ANTONIO *los acompaña hasta la puerta, seriamente cariñoso.)*

ELLOS.—*(Desde fuera.)* ¡Adiós, papá! ¡Adiós papaíto! ¡Adiós! ¡Hasta luego!

DON ANTONIO.—Hasta luego, hijos, hasta luego.

*(Queda solo en escena. Va hacia el balcón, los ve irse. Hay una pausa larga. Él pasea y fuma. Está triste.)*

## ESCENA IV

DON ANTONIO y ESPELETA

ESPELETA.—*(Perfectamente vestido de andaluz.)* Manda argo el mataó.

DON ANTONIO.—¿Dónde vas tan compuesto?

ESPELETA.—A lo mío. A ve un muchacho der Perú que debuta esta tarde y que dicen que torea con la muleta como no ha toreao nadie en er toreo.

DON ANTONIO.—¿Como no ha toreado nadie?

ESPELETA.—Nadie. Eso dicen.

DON ANTONIO.—¿Y es del Perú?

ESPELETA.—Del Perú.

DON ANTONIO.—¿Joven?

ESPELETA.—Mu joven.

DON ANTONIO.—¿Valiente?

ESPELETA.—Mu valiente.

DON ANTONIO.—¿Le han pegao los toros?

ESPELETA.—Dos cornás grandes tiene.

DON ANTONIO.—Me gustaría verlo.

ESPELETA.—Pos vamo palante, mataó. Una entrá tengo en e bolsillo pa la Miss. La dejamo en tierra.

DON ANTONIO.—No, hombre, no. ¿Cómo nos vamos a meter en medio del tendido? Le chocaría a la gente verme en los toros.

ESPELETA.—¿Chocarle a la gente verlo a usté en

lo toro? Lo que le choca a la gente es no verlo a usté en toas las corrida. To el mundo preguntando ¿y er mataó? ¿Dónde está er mataó? ¿Dónde se mete er mataó? ¿Dicen que se le ha olvidao hablá el español? ¿Es verdá que el chiquillo chico es un fenómeno? ¿Es verdá que viven a la inglesa? ¡Y qué sé yo cuántas leyendas! Que comemos la carne crúa, que aquí no se pue hablá de toros —y eso es verdá—, que no bebemo más que *bis-qui,* que los criaos tienen medias colorás ¡y qué sé yo cuántas cosa! Yo la otra tarde le iba a pegá a uno en la barbería. Ya sabe usté lo que es la gente de esta tierra. Pero... como en er fondo pue que tengan razón...

DON ANTONIO.—*(Pensativo.)* ¡Puede que tengan razón!

ESPELETA.—Pue eso, mataó, vamos p'alante. Échese usté una alhaja en e bolsillo; nos vamo al parco de Miura y en cuantito lo vean, le brindarán un toro. Usté en el parco, destocao, serio, artivo, en pie sobre su historia. El otro en la plaza, humirde, sonriente... Y el público en medio, como una escalera que él quisiera subir y que usté ya hubiera coronao...

DON ANTONIO.—No, no, no. Vete, vete.

ESPELETA.—Como usté quiera.

DON ANTONIO.—Sí, vete, vete, vete.

ESPELETA.—*(Saliendo.)* Hasta luego, mataó.

DON ANTONIO.—Hasta luego, Espeleta, hasta luego.

*(Queda solo, luchando consigo mismo. Por fin vence en él su deseo.)*

DON ANTONIO.—¡Espeleta! ¡Espeleta! Espera.

*(Coge un sombrero flexible que habrá sobre una silla y sin ponérselo, lo mira y sale por la puerta de la derecha, volviendo a*

*escena inmediatamente. Atraviesa el escenario alegre y risueño, tocado de sombrero ancho. Ya próximo a la puerta del lateral izquierda vacila de nuevo y, obedeciendo a una determinación, se quita el sombrero y exclama:)*

¡Espeleta, vete!

TELÓN

# ACTO TERCERO

## ESCENA I

ESPELETA, una CRIADA, luego DON ANTONIO y después BEBEL

*(Al levantarse el telón una* CRIADA *hace la limpieza del despacho y, dando ésta por terminada, recoge una muleta —que habrá sobre una silla—. Cuando se dispone a salir, entra* ESPELETA.)

ESPELETA.—¿De dónde ha cogío eso?
CRIADA.—De esa silla.
ESPELETA.—*(Cogiéndole la muleta por un extremo y sin soltarla.)* Ven acá, mugé. No corra tanto. ¿A onde lo lleva?
CRIADA.—A donde me ha dicho la señora.
ESPELETA.—¿Dónde te ha dicho?
CRIADA.—¿A usté le importa mucho?
ESPELETA.—Lo que te ha dicho la señora ¿pa qué te de el toro de tu despedía y el boyancón vaya esto, sí? que se la llevaba una.
CRIADA.—Al cuarto donde estaba el granero.
ESPELETA.—¿Donde están lo chisme?
CRIADA.—Donde están los chismes.
ESPELETA.—*(Quitándosela del todo.)* Po dile a la señora que yo la guardaré.

CRIADA.—Ahora mismo. *(Sale.)*

ESPELETA.—*(Doblando la muleta sobre la mesa.)* ¡¡Conque al cuarto de lo chisme!! ¡Perdónala, hija, perdónala, que no saben lo que jase! Habrá oído desí lo trato de matá y te quieren llevá al cuarto de lo trato... Pero aquí estoy yo pa guardarte en tu sitio.

*(Entra* DON ANTONIO *vistiendo traje corto negro, de calzona. Se dirige a la mesa y mientras dialoga con* ESPELETA *recoge unos papeles.)*

DON ANTONIO.—*(Entrando.)* ¿Con quién hablabas, Espeleta?

ESPELETA.—*(Dejando la muleta a medio liar.)* ¿Con quién quiere que hable? Con la muleta que toreaste el toro de tu despedía y el boyancón de la otra tarde, que se llevaba una criá pa tirarla en el cuarto de lo chisme viejos.

DON ANTONIO.—¿Y qué le has dicho?

ESPELETA.—¿Qué le voy a desí? Que la voy a guardá yo que soy el moso de estoque.

DON ANTONIO.—Bueno, hombre, bueno, menos mal que toavía nos quea un moso de estoques. *(Sale.)*

ESPELETA.—*(Mirando a* DON ANTONIO.) Menos mal que toavía tenemos mataó. *(Pausa.)*

BEBEL.—*(Desde dentro.)* ¡Espeleta!

ESPELETA.—Señora.

BEBEL.—*(Entrando.)* ¿Usted le ha quitado a Dominga el trapajo que mandé retirar?

ESPELETA.—¿Yo? Yo no, señora, yo no le he quitao ningún trapajo a Dominga.

BEBEL.—¿Y eso que está ahí? *(Señalando la muleta que está sobre la mesa.)*

ESPELETA.—Esto sí se lo he quitao, pero esto no

es un trapajo. Esto es una cosa que me servía a mí de armoá en los trene...

BEBEL.—*(Interrumpiéndole.)* No es bastante que haya servido *(remedándole)* «de armoá en los trene» para que sobre una silla descomponga el arreglo de un despacho.

ESPELETA.—Si no lo descompone, señora; to lo contrario, lo compone. Con esto se ha compuesto el despacho, lo dormitorio, el cuarto de baño, el cortijo, la casa de Sevilla, el papel del Estao... too lo que tiene er mataó. Porque ademá de servime a mí de armoá en lo trene, a don Antonio le servía pa ganá too lo que ha ganao con lo toro... Y despué de componé tanta cosa, aunque descomponga er despacho, no está bien que vaya con lo otro trasto; éste e un trasto aparte. ¿A usté no le gusta verla? Yo me la llevo; pa mí e una satisfasió.

BEBEL.—Ya tiene usté bastante satisfacción con haber hecho torear a su mataor la otra tarde.

ESPELETA.—Yo no he hecho toreá a nadie, señora; fue e que quiso torear. Vio que la gente se reía porque lo niño no se atrevían a torear y como nunca le ha gustao que se rían de esta casa, cuando salió un buey se echó abajo y con este trapajo, hiso lo que ha hecho siempre que lo ha cogío en su mano. Y a lo que se estaban riendo le llegó la barba a la sintura.

BEBEL.—Y usté muy satisfecho recoge ese trapajo, que es un trapajo, y lo guarda muy hondo, donde yo no lo vuelva a ver con todos sus recuerdos taurinos, de los que tampoco quiero volver a tener noticia.

ESPELETA.—Esté usté tranquila.

(BEBEL *sale.* ESPELETA *acaba de liar la muleta, descuelga el cartel y la fotografía de* DON ANTONIO *y cuando lo tiene todo recogido y se convence con la vista de que no queda nada, se dispone a salir, y al atravesar la escena entra* DON ANTONIO. ESPELETA *queda al lado de la puerta.)*

## ESCENA II

ESPELETA, DON ANTONIO y BEBEL

DON ANTONIO.—¿Dónde vas así?

ESPELETA.—*(Con emoción.)* A Sevilla. A casa de mi hija, donde yo no le moleste a nadie.

DON ANTONIO.—¿Qué dise? ¿Qué ha pasao?

ESPELETA.—Ha pasao que tu mujé *(Balbuciente y emocionado.)*, que tu mujé... *(Hace por salir.)*

*DON ANTONIO.*—¡Espeleta!, ¿qué te pasa?, ¡¡habla!!

BEBEL.—*(Apareciendo en la puerta.)* Yo te lo explicaré...

ESPELETA.—Tu mujé te lo va a explicá.

BEBEL.—*(Altiva.)* ¿Qué es eso de tu mujer? ¡La señora se lo va a explicar!

ESPELETA.—*(A ella.)* Hoy, no. *(A él.)* Tu mujé te lo va a explicá. *(Mutis de* ESPELETA.)

## ESCENA III

BEBEL y DON ANTONIO, luego un CRIADO

BEBEL.—*(Suavemente.)* Nada, tonterías. Una muleta sucia y manchada de sangre que estaba encima de esa silla. Mandé a Dominga que la retirara y

Espeleta se sintió mozo de estoques y con el pretexto que le ha servido de «armoá en los trene» quería... ¡no sé...! que le hiciéramos una vitrina... Le he dicho que la guarde con todos sus recuerdos... y nada más.

DON ANTONIO.—Pero se va de aquí *(Con emoción.)*, se va a vivir con su hija...

BEBEL.—No creo. Pero, en fin, si se va... ¡qué le vamos a hacer! Comprenderás que no puedo salir a pedirle de rodillas que no se vaya.

DON ANTONIO.—No hay que exagerar las cosas. De rodillas, no: pero de pie, sí. De pie... dile cualquier cosa; ¡pero no le deje que se vaya...! A medida que voy siendo viejo, además, además der cariño de ustedes, cada vez necesito más de Espeleta. *(Toca un timbre.)* Espeleta es para mí todo el recuerdo de mi juventud, de mi vida violenta y vivida. Mi consuelo en mis momentos de derrota, mi espejo en los momentos de triunfo; unas veses mi jues, otra mi apasionao, siempre mi amigo, mi mejor y más querido amigo... y ¡tan bueno...!

CRIADO.—*(Entrando.)* ¿Llamaban los señores?

DON ANTONIO.—Salga a buscar a Espeleta y dígale que la señora desea hablarle. *(Sale el* CRIADO.) *(A* BEBEL, *cariñoso)*. Anda, Bebel, dile cuarquier cosa a Espeleta... ¡es tan bueno!

*(Acompaña a su mujer hasta la puerta. (Pausa).* (DON ANTONIO *queda francamente emocionado. Va hacia la mesa, arregla unos papeles y vuelve a tocar el timbre.)*

CRIADO.—*(Desde la puerta.)* ¿Llamaba el señor?

DON ANTONIO.—Dile a Francisco que entre.

*(Pausa.)*

## ESCENA IV

DON ANTONIO y FRANCISCO

FRANCISCO.—Dio guarde.
DON ANTONIO.—Hola, Francisco, siéntate.

*(Pausa.)*

DON ANTONIO.—¿Qué avena ha dao la parva de ayer tarde?

FRANCISCO.—Se echaron cinco carretá; salieron cincuenta y una: han dao a dié y cuartilla; es pa vorverse loco...

DON ANTONIO.—*(Ausente.)* Pa vorverse loco.

FRANCISCO.—Una avena que estaba rebosá de salú y porque no llueve en abrí sale a dié y cuartilla. Labre usté la tierra. Toa la cosa hecha a su tiempo; too mu bien cuidao. Y luego, mire usté pa arriba y si no quie llové, tiempo perdío. Dan gana de quitarse de labraó. Cuando se tiene ilusión en una cosa que no depende de uno, ma vale dejarlo.

DON ANTONIO.—*(Ausente.)* Si se puede, más vale dejarlo.

FRANCISCO.—Yo era afisionao a lo gargo. Tenía un perro. Y en el perro too mi amor propio. Cuando cogía una liebre paresía que era yo er que la cogía; cuando cortaba a otro perro me paresía a mí que era yo el que lo cortaba. Un día fui a casá con el aperaó der Conde. Er tenía una perra. Saltó una liebre guapa. Se emparejaron lo dos. El mío pegó primero; se despegó la liebre y la perra cortó al perro por cuatro cuerpo de caballo. Er perro ca ve se queaba ma lejo, como si le tiraran der rabo... A mí me paresía que me estrosaban por dentro. Me dio coraje; luego me dio pena...

DON ANTONIO.—¿Y qué hiciste?

FRANCISCO.—Lo regalé. En las cosas que no se pué uno meté dentro no se debe poné la ilusión. Si hubiéramos corrío el aperaó y yo, yo cojo la liebre. Uno pue hasé lo que quiere con uno mismo, pero las cosa de nosotros cuando están en otras mano no dan ma que disgustos. Cuando se pierde una cosecha que uno ha cuidao mucho, dan gana de no habé sio nunca labraó.

DON ANTONIO.—Cuando se pierde una cosecha que uno ha cuidao mucho, lo que da es pena... Pero, en fin, si no responde la avena responderán los maíces. Lo malo es cuando se pierde toda una cosecha. Dale a la gente por cuenta los trabajos de la era; y a ver si los puedes arreglar en sei o en siete reales por fanega. Si no quieren, que trabajen a jornal. Es lo mismo. ¡Qué le vamos hasé! A ve si nos desquitamos con los maíses. Lo malo, Francisco, es cuando se pierde toda una cosecha.

FRANCISCO.—Por ahora no hay que pensar en eso.

DON ANTONIO.—Po anda con Dios, hombre, anda con Dios. Y tené cuidao con los fuegos.

FRANCISCO.—No hay cuidao, toa la gente está mu advertía. Hasta mañana, don Antonio. *(Sale.)*

*DON ANTONIO.*—Hasta mañana. *(Pausa.) (Toca el timbre).*

## ESCENA V

DON ANTONIO, CRIADO y luego BEBEL

DON ANTONIO.—*(Hablando consigo mismo.)* Cuando se pierde una cosecha por falta de agua, da pena. Cuando se pierde por falta de cuido la pena es más amarga porque se mezcla con el remordimiento.

*(Entra el* CRIADO *y se queda a la puerta.)*

DON ANTONIO.—*(Al* CRIADO.) A la señora, que si puede venir un momento.

*(Sale el* CRIADO.) *(Pausa).*

BEBEL.—*(Entrando.)* ¿Me llamabas?

DON ANTONIO.—*(Con ansiedad.)* ¿Y Espeleta?

BEBEL.—Espeleta se va.

DON ANTONIO.—Y... ¿vas a consentir que se vaya?

BEBEL.—Lo tiene decidido. Supongo que no querrás que te lo traiga aquí a la fuerza.

DON ANTONIO.—No. Tú sabes que yo no puedo querer que tú me lo traigas a la fuerza, pero también sabes que no quiero que se vaya. Te dije que Espeleta era para mí un recuerdo, y te dije mal: Espeleta es una parte de mi mismo cuerpo, de mi misma alma; quizá lo más robusta porque todas las cosas que, poco a poco, fui arrancándome de ella iban, poco a poco, quedándose en él, y si yo no las echaba de menos era porque él las tenía; es desí, porque yo las tenía guardadas en Espeleta. Ya ves si será importante que Espeleta no se vaya de mi lado.

BEBEL.—*(Con sorpresa.)* Nunca te oí hablar de esa manera.

DON ANTONIO.—Puede que tengas razón, pero no siempre se piensa lo mismo. Las cosas sobre las que pensamos cambian, o nosotros las vemos de distinta manera según las circunstancias. No es lo mismo vivir una profesión con todas sus luchas, sus inquietudes, sus amarguras, que recordarla, muy lejos de ella, con toda su aureola de triunfo y de esplendor. Vivirla es sufrimiento, dolor, hastío... Recordarla es renacimiento, alegría, felicidad... Ya sabes lo que se va a llevar Espeleta.

BEBEL.—*(Con despecho.)* Si es tanto... puedo salir a sujetarlo.

DON ANTONIO.—*(Cambiando de tono.)* No. Tiempo tenemos de ocuparnos de eso... Me dijiste que el sábado se van los Medina a Inglaterra y que querías mandar con ellos a José Antonio... Lo he pensado bien y tengo decidido que no vaya.

BEBEL.—*(Irónicamente, mal disimulando su enojo.)* Me parece bien. Lo puede educar Espeleta.

DON ANTONIO.—*(Con entereza.)* Quiero educarlo yo. Quiero hacer de él un hombre capaz de llevar personalmente las fincas de campo que tenemos. Esto, no puede hacerlo Espeleta; pero tampoco lo pueden hacer en Inglaterra.

BEBEL.—Si tú lo ordenas... bien... yo... ya que no va a Cambridge, lo dejaría que fuese militar.

DON ANTONIO.—Militar, no. Muy bien apartarlo del peligro de los toros; pero hay que poner doble empeño en apartarlo del peligro de la guerra. A mi hijo no se le ha perdido nada en la guerra.

BEBEL.—*(Interrumpiéndole.)* Ni en el toreo.

DON ANTONIO.—En el toreo... Tampoco.

BEBEL.—*(Insistiendo.)* Conforme en que hay peligro en ser militar, pero... un militar tiene siempre otra reputación social que un torero.

DON ANTONIO.—*(Rápidamente y con dignidad.)* ¿Cómo? Cuando los toreros tenían mala reputación social —hace ya mucho tiempo—, toda la reputación social de España estaba a la misma altura; los toreros no entraban solos en las tabernas, iban del brazo de los aristócratas. Cuando sanearon sus gustos y cambiaron sus costumbres, han ido también de su brazo por todos los salones de su sociedad. A mí —que soy torero— no me conociste en ninguna taberna de ningún suburbio. Fue en tu propia casa invitado por tu propio padre.

BEBEL.—*(Reaccionando.)* Perdona, no he querido ofenderte; si te hablé de ello es porque él muestra esas aficiones. No he tenido intención...

DON ANTONIO.—*(Cariñosamente.)* Ni he visto en ti intención de ofenderme, ni me he dado por ofendido, ni conocía esa vocación de mi hijo. Pero me alegro que me lo hayas dicho, y como nada de lo que se relaciona con ellos quiero que sea una violencia, someteremos a su elección Inglaterra o el campo; él elija, ¿te parece bien?

BEBEL.—Que él elija.

DON ANTONIO.—Borremos esta primera discusión de nuestra vida y perdona esta exaltación mía. Y dile a José Antonio que venga, que quiero hablar con él.

(DON ANTONIO *se sienta en el brazo del butacón de cuero y poco a poco va cambiando hasta estar risueño a la llegada del muchacho.)*

## ESCENA VI

DON ANTONIO y JOSÉ ANTONIO

JOSÉ ANTONIO.—*(Entrando alegremente.)* ¿Me llamabas, papaíto?

DON ANTONIO.—Sí, hijo; ven acá. *(Acariciándole.)* ¿Qué creerás que me ha dicho tu madre?

JOSÉ ANTONIO.—¿De quién? ¿De mí? ¿Qué te ha dicho?

DON ANTONIO.—Te vas a reír. Me ha dicho que tú te querías ir el sábado a Inglaterra.

JOSÉ ANTONIO.—Si ella quiere...

DON ANTONIO.—También me ha dicho que quieres ser militar.

JOSÉ ANTONIO.—Si tú quieres...

DON ANTONIO.—*(Remedándole.)* Si ella quiere, si tú quieres... No se trata de saber lo que nosotros queremos, sino lo que tú quieres.

JOSÉ ANTONIO.—Yo quiero lo que tú digas.

DON ANTONIO.—Pero para yo decirlo quisiera saber lo que a ti te gustaría ser. Ir a Inglaterra no es bonito para ti, separarte de nosotros... allí solo... aquello tan sombrío... Militar... tampoco te gustaría ser; cuando hay guerra es bonito, pero ya se han acabado las guerras y la vida del cuartel es molestísima: el uniforme, la guardia, enseñar la instrucción, estar siempre riñendo... No es bonito; a mí no me gusta. *(Pausa.)* A ti siempre te ha gustado el campo; al principio de llegar estabas contentísimo; hasta toreaste un día en el herradero del Conde, ¿te acuerdas? Yo creo que ya no te acuerdas ni de cómo se coge la muleta. *(El chiquillo lo mira con un poco de sorpresa.)* Y el campo me parece que tampoco te gusta.

JOSÉ ANTONIO.—¿Pero tú qué quieres que yo sea?

DON ANTONIO.—A mí... me gustaría que tú fueras como yo: que te gustara mucho el campo... Puedes estudiar la carrera de ingeniero agrónomo, y con las fincas que tenemos, calcúlate las cosas que puedes hacer. Tu buen caballo... tu traje corto... hacer tus faenas de herradero... convidar a tus amigos... torear unos becerrillos; se divierten ustedes... Y luego, el campo deja mucho dinero; cada vez serás más rico; me ayudarás a llevar la labor, ¿qué te parece?

JOSÉ ANTONIO.—*(Vacilante.)* A mí... si tú quieres... seré agrónomo...

DON ANTONIO.—¡Ya lo creo que quiero! Cómo que me gustaría verte, ya hombre, hablando con Francisco —que será ya muy viejo—diciéndole: Francisco, vamos a sembrar esto de trigo, aquella haza de cebada, y esta otra de avena. Y luego, la ganadería ¡tan bonita como es la ganadería! Las yeguas, las borregas, las vacas... Esas faenas de campo tan hermosas: apartar los potros para la remonta... domar tú mismo el que más te guste de la camada... El herradero. ¡Tan bonitos como son los herraderos...! Acosar y derribar... ¡Tan bonito como es acosar un becerrete y darle a tó meter, un par de caídas y luego, echarte abajo del caballo y torearlo en medio del campo solo, hasta cansarlo; sin más testigo que tu afición, ni más premio que verte pasar el peligro, una vez y otra vez, rodeándote el cuerpo como una faja...!

JOSÉ ANTONIO.—*(Interrumpiéndole.)* Eso no me gusta, papaíto.

DON ANTONIO.—*(Con decaimiento.)* Pues antes te gustaba. ¡Hasta decías que ibas a ser torero!

JOSÉ ANTONIO.—Sí..., pero como a ustedes no les gustaba...

DON ANTONIO.—Que fueras torero, no: pero torear es bonito.

*(El chiquillo, un poco azorado, no se atreve a decir que no, pero en su actitud se nota que no siente ninguna afición.)*

Tú... toreabas bien... ¿A que no te acuerdas? ¡Vamos a ver! ¿A que no te acuerdas cómo se torea?

(JOSÉ ANTONIO *se despega de él y busca algo con que torear: por fin coge un tapete pequeño que estará sobre una mesa.)*

¡Vamos a ver!

*(Da un pase ayudado por alto, un natural,*

*otro, otro: todos desganado.* DON ANTONIO *le va jaleando mientras torea.)*

¡Con más garbo! ¡Con más alegría! ¿Y ahora...?

*(El chiquillo, adivinando, simula la suerte de matar, dando el paso atrás.)*

No, hijo, no. ¡Así...! Mira.

*(Simula él la suerte, majestuosamente, echando la pierna izquierda hacia adelante al mismo tiempo que con la mano hace ademán de adelantar bajando la muleta. El chiquillo lo intenta torpemente.)*

DON ANTONIO.—*(Con contrariedad.)* No, no... Así... adelantando la pierna hacia el toro, echando la muleta por delante.

JOSÉ ANTONIO.—*(Con azoramiento.)* No sé, papaíto... no sé. No me gusta.

*(Transición.)*

DON ANTONIO.—Bueno, hijo, bueno. *(Acariciando la cabecita de su hijo.)* Afortunadamente tampoco te hace falta.

## ESCENA VII

DON ANTONIO, JOSÉ ANTONIO, MARY y TONI, luego BEBEL y al final ESPELETA

*(Entran en escena* MARY *y* TONI, *cuya conversación un poco alborotada se oye antes de entrar.* TONI *viste traje de* sport *muy exagerado.)*

MARY.—*(A* JOSÉ ANTONIO.) ¿Es verdad que te vas a Inglaterra?

(JOSÉ ANTONIO *hace un gesto queriendo expresar que no sabe nada.)*

MARY.—*(A su padre.)* ¿Se va, papá...?

DON ANTONIO.—*(Con decaimiento, que irá en aumento a medida que transcurra la escena.)* Tu madre... quiere que se vaya.

MARY.—*(Con solicitud.)* Y... ¿tú...?

DON ANTONIO.—Yo... no quisiera.

TONI.—Pero aquí se va a hacer torero.

DON ANTONIO.—*(Dirigiéndose a* TONI, *a quien dedicará casi por entero este parlamento.)* No, descuida. Aquí no hay ya ningún peligro de que resucite nada del toreo. Porque nada queda que sea mío.

(MARY *prestará una cariñosa atención a las palabras de su padre, acercándosele dulcemente.)*

Poco a poco, como cuando cortan las ramas de un árbol, me fueron arrancando la flora de mi personalidad. Cuando mi savia daba un brote, se encargaban suavemente de matarlo en flor, y de una cosa frondosa, alegre y lozana que era mi vida, fui, poco a poco, convirtiéndome sin darme cuenta, sin que nadie se lo propusiera, en un tronco seco, árido y desnudo. Yo no notaba las faltas de mis galas porque era para ustedes el holocausto; por dentro, pletórico de fuerzas, me sentía capaz, en cada primavera, de ofrecer los frutos de mi arte para que se entretuvieran en despedazarlos. Yo mismo, con mis mismas uñas, como el que se arranca tiras de carne de su propio pecho, me iba arrancando mis adornos y en sacrificio secreto fui labrando este ambiente de tranquilidad. Pero llegó el día que nada podía ofrecer porque nada me quedaba, y con la angustia del pródigo que todo lo ha perdido, me acordé que había sido... y sentí ansias de volver a ser... Y era inútil. Miré a mi alrededor y, como esos varetones nacidos de las raíces de los árboles viejos, vi que había fructificado mi semilla. Y tan acostumbrado estaba a los deseos de los demás que los creía míos, y sin darme cuenta que al matarlos me mataba yo mismo, lo fui quitando también, poco a poco, la savia que les daba vida; y cuando seco, o casi seco, quise salvarlo creyendo salvar algo que íntimamente era mío... ya era tarde. No es el toreo lo que se muere en esta casa con la extinción de todas estas cosas, soy yo, hijos míos, yo mismo quien ha muerto. ¡todo es de ustedes, todo! También yo, que ni siquiera tengo fuerzas para una queja...

BEBEL.—*(Entrando.)* ¿Qué dice José Antonio? ¿Inglaterra o el campo?

DON ANTONIO.—*(Al hijo pequeño.)* ¿Inglaterra o el campo?

BEBEL.—*(Interrumpiendo.)* ¡Cambridge!

MARY.—*(Casi al mismo tiempo.)* ¡El campo!

JOSÉ ANTONIO.—*(A la madre.)* Inglaterra.

BEBEL.—*(Con entusiasmo acariciando a su hijo.)* ¡Cambridge! ¡Cambridge!

MARY.—¿Y papá? *(Dulcemente.)*

*BEBEL.—(Interroga con un gesto a su marido.)*

DON ANTONIO.—Ya es tarde. Puedes mandarlo.

*(Entra el* CRIADO.)

CRIADO.—*(Desde la puerta.)* Espeleta, que si puede despedirse del señor.

DON ANTONIO.—Que pase.

BEBEL.—*(Recogiendo a sus hijos hacia la puerta.)* Vámonos.

*(Salen todos menos* DON ANTONIO.) *(Pausa).*

DON ANTONIO.—*(A* ESPELETA *que entra, en ademán de abrazarlo. Con emoción.)* ¡¡Espeleta!!

ESPELETA.—¡¡Zaya!!

*(Se abrazan.)*

TELÓN MUY RÁPIDO

# «NI MÁS NI MENOS»

## COMEDIA EN TRES ACTOS
## Y EN PROSA

# ACTO PRIMERO

## CUADRO PRIMERO

Al levantarse el telón, cortina negra corrida. Esta cortina ha de estar dividida en cuatro partes y en tal disposición que al tirar de cualquiera de ellas desde el interior del escenario quede a la vista del público el decorado correspondiente

En primer término un butacón inglés de cuero, de espalda al público. Por el lado izquierdo del butacón el brazo y la mano de RAFFLES (que está hundido en él) con un cigarrillo largo recién encendido. Al fondo, una chimenea. Enfrente de ella, CARLOS BRAN, de frac, lee un periódico; un reloj de estilo inglés. La escena sin luz de batería —es de noche— va siendo iluminada con un reflector en este orden: mano de RAFFLES, silueta de CARLOS BRAN, esfera del reloj que marca las doce. Poco a poco se oscurece la escena

MUTACIÓN Y FIN DEL PRIMER CUADRO

## CUADRO SEGUNDO

Gabinete de señora. Un espejo, una coqueta y una cajita fuerte de guardar alhajas. En escena, una señora lujosamente vestida de noche empieza su deshabillé: se desprende de su vestido, que cambia por un traje de casa. Se va despojando de sus alhajas y después de acomodarlas cuidadosamente en sus estuches abre la caja dándole una gran importancia a la combinación secreta. La cierra con el mismo cuidado y después de coquetear ante el espejo hace mutis

Del cortinón del fondo sale RAFFLES vestido de frac y después de escudriñar la escena con sigilo se dirige a la caja fuerte y poniendo en juego la secreta combinación la abre. Del fondo de la caja, automáticamente, de unos disparadores colocados al efecto, salen unos chispazos que alcanzan a RAFFLES hiriéndole mortalmente. Se contraen sus manos, que después de regar el suelo con las alhajas de las que trataba de apoderarse, se aprietan contra el pecho como si quisiera arrancarse la muerte que ya empieza a dibujarse en la cara de RAFFLES. Gana éste, vacilante, la salida por el mismo sitio por donde entró y apenas traspasa el decorado se ilumina éste, queda oscura la escena y presencia el público cómo cae RAFFLES moribundo sobre el barandal del balcón por donde pretendía huir. En este mismo instante a unos cincuenta centímetros sobre la figura de RAFFLES se dibuja sobre el decorado una gran balanza con sus monumentales platillos: sobre el de la derecha, un ángel; sobre el de la izquierda, un demonio. Suben y bajan los platillos en fatal balance de virtudes y pecados. Cuando el platillo de la izquierda domina el peso, el demonio, con regocijado gesto, tiende sus manos al alma de RAFFLES. Cuando es el de la derecha el que se inclina al peso de las virtudes favorablemente, es el gesto del ángel el que muestra su regocijo. Por fin el peso de los pecados decide la lucha. El platillo de la izquierda cede hasta casi rozar la figura de RAFFLES, el demonio en una mueca de optimismo celebra su triunfo

RAFFLES se da cuenta de su segura condenación y recordando en un instante toda su vida tan llena de peripecias, unas veces burlando la acción de la justicia, otras engañando habilidosamente a los ladrones, siempre por encima del «bien y del mal», hombre al fin acostumbrado al escamoteo, en un esfuerzo supremo va levantando con su mano el platillo hasta nivelar por completo la balanza, ante el asombro de Satanás, que creía segura su presa. Angel y demonio quedan perplejos y después de unos instantes de confusión desaparecen. RAFFLES, tras el esfuerzo, expira. Todavía ve el público cómo de la silueta de RAFFLES se desprende su alma en vaho blanquecino. Va a emprender la ruta de lo desconocido, fuera del alcance del cielo y del infierno, unida a la tierra por los fuertes deseos corporales

MUTACIÓN Y FIN DEL SEGUNDO CUADRO

## CUADRO TERCERO

Fiesta en casa de ADRIANA. En primer término, un pequeño *hall*. Al fondo por un medio punto se ven cruzar las parejas bailando.

Todos visten de etiqueta. Entran en escena dos criados: JUAN y CARLOS. En aparatos modernos adecuados traen *whisky* y soda. Lo dejan sobre unas mesitas. Mutis de JUAN, y cuando se dispone a hacerlo CARLOS, entra en escena SMIZH, invitado que está un poco borracho. SMIZH cogiendo un vaso y sirviéndose *whisky*

SMIZH.—Carlos, maravilloso Carlos, destápame una soda.

CARLOS.—En seguida, señor.

SMIZH.—Gracias. Si dispusiera de una gran fortuna te llevaría a mi servicio. Me encantan tus maneras.

CARLOS.—Gracias, señor. Pero ello es imposible. Aunque estallara una gran guerra y os concediera el gobierno la contrata de suministro de víveres al frente y en diez días reunierais la mayor fortuna de Inglaterra, yo no dejaría el servicio de Lord Lister. En él nací y en él estaré siempre.

SMIZH.—¿... Ni por veinte libras...?

CARLOS.—*(Haciendo signos negativos con la cabeza.)* ¿Queréis más soda, señor?

SMIZH.—*(Presentándole el vaso.)* ¿Ni por cuarenta libras?

CARLOS.—*(Negando de la misma manera.)* ¿Un poco más de *whisky,* señor?...

SMIZH.—*(Presentando el vaso de nuevo.)* ¿Ni por ochenta libras? (CARLOS *niega con la cabeza.) (Después de beber).* Te doy quinientas libras.

CARLOS.—No valgo yo tanto, señor.

SMIZH.—Vales mucho más. Un criado de tus condiciones no hay dinero con que pagarlo. Eres activo y servicial, cosa muy difícil. Tienes soberbia, pero la tienes domada. Educar la propia soberbia, ¡he ahí el mérito del servidor! El criado nacido para servir, el sumiso, el humilde repugna mandarlo, no nos produce ninguna satisfacción al obedecer.

CARLOS.—*(Interrumpiéndole.)* ¿Más soda, señor?...

SMIZH.—*(Presentando el vaso.)* En cambio, los que como tú dan sensación de señores nos elevan de rango al servirnos. Los reyes deben gozar mucho eligiendo sus criados entre los más distinguidos señores de su corte. Si yo lograra ser inmensamente rico, tomaría un rey a mi servicio.

CARLOS.—*(Sonriente.)* ¿Más... *whisky,* señor?...

SMIZH.—*(Presentando el vaso.)* Carlos, maravilloso Carlos. ¿Quién te enseñó a servir?...

CARLOS.—Mi padre, señor.

SMIZH.—¿Y a tu padre?...

CARLOS.—Mi abuelo, señor.

SMIZH.—Y a tu abuelo, el abuelo de tu abuelo... Y así son las cosas. Para que empiece a dar fruto una idea, una disciplina o una modalidad hacen falta más de cuatro generaciones y esto para servir. ¡Que para mandar!... *(Misteriosamente.)* Oye, Carlos, ¿quién enseñó a mandar a tu señora...?

CARLOS.—La necesidad, señor. El no saber hacer otra cosa.

SMIZH.—*(Bebiendo.)* Maravilloso Carlos. ¡Buen observador! Pero dime: tampoco debe ser agradable servir al que no tiene dotes para mandar... Esta mujer venida quién·sabe de dónde...

CARLOS.—*(Interrumpiéndole.)* Señor...

SMIZH.—Comprendo tu fidelidad a Lord Lister, pero a su amante...

CARLOS.—Señor...

SMIZH.—Tú no sabes que tu señora...

CARLOS.—Yo no sé nada, señor.

SMIZH.—Yo te contaré...

CARLOS.—¿Más soda, señor?

SMIZH.—No, basta.

CARLOS.—Con su permiso, señor. *(Mutis de* CARLOS.)

SMIZH.—Espera, Carlos, maravilloso criado, espera; yo te contaré cómo tu señora, la amante de Lord Lister, llegó a Inglaterra sin más dote que su hermosura. ¡Ah! escucha. *(Se sirve más whisky.)* Lord Lister tu señor, ¡tu gran señor!, se entretiene en la noche en practicar el robo. Le enseñó su abuelo y a su abuelo el abuelo de su abuelo. Sólo así son las cosas. Cuatro generaciones de ladrones vestidos de frac pueden dar un Raffles perfecto. ¡Raffles...! Lord Lister...

(*Entra en escena* ADRIANA.)

SMIZH.—¡¡Adriana!!...

ADRIANA.—Buenas noches, Smizh.

SMIZH.—Adriana, la más hermosa de todas las mujeres.

ADRIANA.—¿La más hermosa...?

SMIZH.—La más hermosa.

ADRIANA.—Gracias, Smizh. ¿Y mi fiesta, qué opinión te merece...?

SMIZH.—Que demuestra tu valía. No falta un detalle. Posees todos los secretos del confort. ¡Qué dichosa es tu vida!

ADRIANA.—No creas. Aún queda quien me atropella con su lujo. Hay en Inglaterra un collar de brillantes que tiene dos piedras y diez quilates más que el mío. Sueño con él. Cuando lo pienso me siento humillada, y si disfruto de momentos de felicidad es porque abrigo la ilusión de que algún día Lord Lister...

SMIZH.—De que alguna noche Lord Lister...

ADRIANA.—*(Enérgica.)* De que algún día Lord Lister...

SMIZH.—¡Bah! Lo mismo da un día... una noche... es lo mismo. Si hablé de la noche es porque antes tú me hablaste de ilusión. De día la gente vive y estorba el caminar de nuestras ilusiones. De noche mueren y campan éstas por su respeto... es mejor de noche, Adriana...; de noche es todo el mundo de nuestro deseo.

*(Aparece* BRAN *en el fondo, pálido y descompuesto.)*

ADRIANA.—¡Bran! ¿Qué tienes, Carlos Bran?
BRAN.—Eduardo ha muerto.

MUTACIÓN

## CUADRO CUARTO

Gabinetito particular de ADRIANA. ADRIANA está sentada. Han pasado por ella varios años en unas horas

*(Pausa larga.)*

CRIADO.—¿Da su permiso la señora?
ADRIANA.—*(Sobresaltada.)* ¿Quién...? ¿Qué...?
CRIADO.—*(Entrando.)* Soy yo, señora.
ADRIANA.—¿Qué quieres? ¿Qué nueva desgracia me anuncias?
CRIADO.—Señora. Mister Calton, nuestro más célebre policía, quería por todos los medios entrevistarse con la señora.
ADRIANA.—¡Mister Calton! ¡Míster Calton! Estará preparando su venganza. ¿Qué le has dicho?
CRIADO.—Contesté que la señora no recibía.
ADRIANA.—Bien. Y ¿qué?
CRIADO.—Pero es el caso, señora, que insiste en ver a la señora. Trae orden de la Prefectura de registrar nuestro palacio y si no lo ha hecho ya, dice que en atención a la memoria de Lord Lister, según él su antiguo conocido.
ADRIANA.—Ese idiota dice una nueva mentira. Jamás conoció a Lord Lister y, sobre todo, ¿qué tiene que ver el nombre de Lord Lister con la policía?, ¿qué desea de mí?, ¿a qué viene a buscarme?
CRIADO.—Señora, al llegar Míster Calton preguntó por Raffles.

ADRIANA.—¡¡Qué!!

CRIADO.—Sí. Y como notase nuestro asombro y le contestásemos que nada se sabía aquí de él, cogiéndome de la solapa me amenazó con el puño y me dijo: «Basta de disimulo. Su muerte ha descubierto su doble personalidad. Es preciso que esa mujer...»

ADRIANA.—¿Esa mujer, ha dicho?

CRIADO.—Así dijo, señora. Es preciso que esa mujer se deje conducir por nosotros a la presencia del señor comisario.

ADRIANA.—*(Aterrada.)* No. No. No. Dile que no. Que salí anoche con el señor Bran y que no he vuelto. Dile... Dile...

CRIADO.—Señora, desde anoche es vigilada nuestra casa. Además no se dejarían convencer fácilmente. Vienen dispuestos a registrarlo todo... Entrarán aquí...

ADRIANA.—Pero ¿qué quieren? ¿Qué sabes tú? Habla... ¿Di?

CRIADO.—Yo sólo sé lo que ellos dicen, señora.

ADRIANA.—¿Y qué dicen...?

CRIADO.—Dicen... que nuestro Lord Lister era el propio Raffles, que por fin murió anoche cuando trataba de apoderarse de las más ricas joyas de Londres. Y como saben las relaciones de la señora...

ADRIANA.—Basta, basta. Es preciso que me ayudéis. Déjalos que registren toda la casa... menos la cabina roja de Lord Lister... Ahí me esconderé... Tú los conduces y si quisieran entrar... si quisieran entrar no los dejes. Ir los dos, tú y Carlos, y si no podéis engañarlos entonces... entonces... acordarse de Raffles.

CRIADO.—Está bien, señora. *(Mutis del criado.)*

(ADRIANA *intenta huir en el preciso instante en que entra en escena el espíritu de* RAFFLES. *Sólo se ve de él su cara maqui-*

*llada, su cuerpo está cubierto por una capa color hueso.)*

RAFFLES.—Adriana, Adriana, no huyas. Sería inútil.

ADRIANA.—*(Desconcertada.)* ¡¡Eduardo!!

RAFFLES.—Eduardo, que viene a salvarte.

ADRIANA.—¡Salvarme! ¡Salvarme! ¿Y cómo? ¿Dónde estás?

RAFFLES.—Fuera del alcance de los hombres, y de los cielos y de los infiernos. Libre. Libre aquí en tu presencia y en todas partes, sin noche, sin día. Cara a cara al sol sin entornar los ojos. Cara a cara a la luna sin que tiemble mi alma. Ajeno a las pasiones y en contacto con ellas. En mullido lecho de desconocidas ilusiones, disfrutando la dicha inefable de no ser y seguir siendo. Ven. Ven conmigo. Libértate y sígueme.

ADRIANA.—Seguirte, seguirte es mi único deseo. ¿Qué creía ese idiota de Míster Calton?... Espera...

*(Sale y entra al momento abrazando sus mejores vestidos y pieles y apretando entre sus manos sus más vistosas alhajas.)*

RAFFLES.—¿Dónde vas con eso...?

ADRIANA.—A seguirte...

RAFFLES.—Para venir conmigo todo eso estorba.

ADRIANA.—¿Qué he de llevar entonces...?

RAFFLES.—Sólo el alma. Tu alma limpia sin ningún ropaje de pecado.

ADRIANA.—Imposible. Mi alma está manchada por dentro y por fuera.

RAFFLES.—Te equivocas. La culpa no mancha nunca nuestra alma. La envuelve, la rodea, cría a su alrededor como una costra, pero no la mancha.

ADRIANA.—¿Y qué he de hacer...?

RAFFLES.—Separar tu alma de tu cuerpo.

ADRIANA.—¿Matarme...?

RAFFLES.—Matar tu cuerpo.

ADRIANA.—¡No! ¡No! ¡No! Fuera esta voz de mis oídos y estos pensamientos de mi cabeza.

RAFFLES.—Óyeme y piensa. Ya eres para todos la amante de Raffles. Las dueñas de tus joyas reclamarán a la justicia. Huirán tus amigas. Venir a tu casa será baldón para tus conocidos. La noticia de tu prisión correrá por el mundo. No me verás más. Óyeme y piensa. Dejarás tu cuerpo como yo dejé el mío y te pondrás por encima del escándalo. Verás a todos sin ser vista por nadie. Si te desprendes de tus deseos, serás feliz; si los traes contigo, seguirás esclava de ellos. Estarás conmigo disfrutando de libertad. Andaremos las tierras y los cielos...

ADRIANA.—¡Felices!...

RAFFLES.—Eso depende de nosotros mismos.

ADRIANA.—No, no. Tengo miedo.

MÍSTER CALTON.—*(Desde fuera.)* Antes de entrar en el gabinete de la señora cierra esas dos puertas del pasillo.

ADRIANA.—*(Bajando la voz.)* Espera... Eduardo... Espera. *(Va hacia una mesita, saca una caja de ampollas de morfina y las va echando nerviosamente en el vaso. Vacila.)*

MÍSTER CALTON.—*(Desde fuera, enérgicamente.)* Vigile el paso de esa escalera.

ADRIANA.—*(Angustiosamente.)* Eduardo... Eduardo... *(Apura la copa, se sienta y reclina la cabeza en el respaldo del asiento. Con una mano estruja sus vestidos. Se cierran sus ojos. Cambio de luz: un reflector sobre la cara de ella.)*

RAFFLES.—*(Entrando en el círculo de la luz.)* ¡Qué guapa está tu cara en la muerte!... Aún me empujan los deseos hacia ti y sufro los horrores del infierno porque no puedo apretarte contra mi pecho. Ven pronto... Echa tus acciones en la balanza y sígueme... Yo te salvo.

ADRIANA.—Mañana todo Londres llevará mi nombre en sus labios... y mis joyas... mis vestidos y mis pieles...

*(Entra* MÍSTER CALTON *en escena. Examina el cuerpo de* ADRIANA.)

MÍSTER CALTON.—Muerta.

RAFFLES.—Fuera de tu acción. Acción humana limitada por la misma pequeñez de tu oficio. Pobre Míster Calton si pudieras pedirle sus alas al demonio, sus pies al Ángel. ¡Pero qué podrás tú!... Banderín negro, que va por el día con tu cabeza de mochuelo; que andas en la noche con tu llamita de aluminio. Me río de ti. Me río de ti sin odio, sin rencor... Pobre Míster Calton.

*(La balanza oscila de un lado para otro mientras cae el telón lentamente.)*

MUTACIÓN

## CUADRO SÉPTIMO

Reunión de amigos vestidos de etiqueta en un club londinense

AMIGO 1.—Yo no salgo de mi asombro.

AMIGO 2.—A mí no me ha cogido de sorpresa. Lord Lister tenía algo raro y misterioso que acusaba claramente que no era totalmente un caballero.

AMIGO 3.—Sin embargo, nadie podía pensar que fuera un ladrón.

AMIGO 4.—Yo lo pensé muchas veces.

AMIGO 1.—Yo no, y creo que nadie. Su conducta era irreprochable.

AMIGO 4.—Pues fíate de la conducta aparente.

AMIGO 3.—Es que en ese caso no se podría uno fiar de nadie.

AMIGO 2.—No digo yo tanto, pero sería conveniente reformar nuestros estatutos de forma y manera que quedara —con lo que respecta a la admisión— nuestro club defendido de los aventureros.

*(En el decorado se dibuja la cara de* RAFFLES. *De sus ojos salen unos reflectores que van a la cabeza de uno de los socios qúe aparte de la reunión estará hasta ese momento sin mezclarse en el diálogo.)*

AMIGO 5.—*(Como obedeciendo a un mandato externo.)* ¡Qué aburrimiento!

AMIGO 1.—¿Cómo?

AMIGO 2.—¿Qué?

AMIGO 3.—¿Qué dices?

AMIGO 5.—Que... Qué aburrimiento el día que todos nos conociéramos perfectamente y pudiéramos convivir a pesar de ello. Sólo una reunión de tontos puede desenvolverse en esa forma. La admiración que todos sentíamos por Lord Lister —dígase ahora lo que se diga— dimanaba precisamente de su misterio. Es más, se puede asegurar que esa admiración se apoyaba desde luego en los hechos que desconocíamos. Un hombre capaz de burlar a toda la policía, de engañar a todos los ladrones, de robar o de hacer justicia por su mano, contra todo poder, por encima de toda disciplina, no tiene más remedio que provocar respeto y admiración. No por los hechos sino por las actitudes. El arte tiene en sí fuerza suficiente para seducirnos en contra de todo prejuicio.

AMIGO 1.—¿Defiendes a Lord Lister?

AMIGO 5.—¿Por qué no? Todos admirábamos a Raffles. Ni una de sus aventuras se comentaba aquí desfavorablemente, y ahora que sabemos que Raffles era nuestro amigo Lord Lister queríais tratarlo despectivamente. No, de ninguna manera, por lo menos con mi consentimiento. Lord Lister presta toda su caballerosidad a Raffles. Sólo debemos lamentar que en nuestra lista no figurase con ese nombre. ¡Raffles, Raffles! Nuestro socio de honor. ¡Nuestro único orgullo! Yo soy tu mejor amigo... Acuérdate de mí cuando estés en tu reino...

MUTACIÓN

## CUADRO OCTAVO

Una cortina corrida. En primer término lateral izquierda, ADRIANA y RAFFLES sentados muy juntos sobre un bloque de humo. Las caras maquilladas adquieren extraordinaria belleza al recibir de plano la luz de un foco colocado al efecto

ADRIANA.—¿Qué hace aquel hombre a la orilla del agua?

RAFFLES.—Acaba de beber y espera.

ADRIANA.—¿Espera a qué?

RAFFLES.—A beber de nuevo.

ADRIANA.—¿No tiene satisfecha su sed?

RAFFLES.—Sí. Pero su instinto le advierte que sentirá de nuevo el deseo y espera.

ADRIANA.—¿Y aquella bestia al lado de su hembra?

RAFFLES.—Lo mismo que el hombre.

ADRIANA.—¿Y aquel pájaro?

RAFFLES.—Lo mismo que la bestia.

ADRIANA.—¿Y aquel hombre triste en medio del desierto?

RAFFLES.—Está enamorado del agua.

ADRIANA.—¿Y por qué ese amor?

RAFFLES.—Porque el agua está lejos de su alcance.

ADRIANA.—Y ese bramido de la fiera...

RAFFLES.—Es amor. Amor puro. Amor limpio.

ADRIANA.—¡También yo siento amor!

RAFFLES.—Ahora sí.

ADRIANA.—¡Siempre!

RAFFLES.—Antes no. Tú descansabas a mi lado como el hombre a la orilla del agua. Yo satisfacía todos tus deseos y tu instinto te sujetaba cerca de mí. Ahora sientes el amor porque todo está fuera del alcance de tus deseos y te sientes triste como aquel hombre del desierto.

ADRIANA.—Sufro mucho.

RAFFLES.—Porque tus deseos te sujetan con sus raíces a la tierra.

ADRIANA.—¿Y qué he de hacer...?

RAFFLES.—Poner alas a tu ambición.

ADRIANA.—¿Y cómo?

RAFFLES.—Siendo quien eres.

ADRIANA.—¿Y quién soy?

RAFFLES.—Un alma libre. Un alma fuera de la tierra y del cielo y del purgatorio y del infierno. Fuera de registro, sin nombre sin número.

ADRIANA.—¿Y mi casa y mis amigas y mi sociedad y mis costumbres...?

RAFFLES.—Debajo de tus pies.

ADRIANA.—¿Y mis ilusiones?

RAFFLES.—Por encima de tu cabeza.

ADRIANA.—¿Y mi felicidad?

RAFFLES.—Dentro de ti misma.

ADRIANA.—¿Y dónde encontraremos la alegría de vivir?

RAFFLES.—Donde quiera que vayas.

ADRIANA.—¿Y a dónde iremos, Raffles?

RAFFLES.—Por el espacio... Por las cosas. Por lo que está libre de lo divino y de lo humano. A aire atraviesa.

ADRIANA.—¿Siempre solos...?

RAFFLES.—Contigo y conmigo.

ADRIANA.—No, Eduardo, no, yo siento devorar mi alma por todos los fuegos de los pecados capitales. Yo siento ansias de ser yo quien era y no quien soy. Quita esta angustia de mi pecho. ¡Sálvame, Raffles, sálvame?

RAFFLES.—Mujer, piensa... sueña... Cierra tu instinto al vértigo y sígueme...

FIN DEL PRIMER ACTO

# ACTO SEGUNDO

## CUADRO PRIMERO

Sacristía en un convento de monjas. Al fondo, de un lado, la iglesia, y de otro, el refectorio. En sitio adecuado, en la pared divisoria de la iglesia y el refectorio, muy a la vista del público, ventanilla confesonario. En la escena, una hermana saca sotanas y roquetes, abre y cierra cajones, limpia el polvo, etc. Luego, SACRISTÁN 1.º y SACRISTÁN 2.º

HERMANA.—*(A los sacristanes que entran.)* Ya podían venir antes, ya.

SACRISTÁN 1.º—Hasta las seis hay tiempo. *(Los sacristanes, que visten pobremente de calle, se ponen sus sotanas y roquetes mientras dialogan.)*

SACRISTÁN 2.º—*(Socarrón.)* ¡Este diablo de hermana!...

HERMANA.—*(Interrumpiéndole.)* ¡Alabado sea Dios!

SACRISTÁN 2.º—Este diablo de hermana...

HERMANA.—*(Interrumpiéndole de nuevo.)* ¡Alabado sea Dios!

SACRISTÁN 2.º—Alabado sea Dios, pero este diablo de hermana *(la hermana se santigua)* con sus prisas no hace más que enredarlo todo. *(Va hacia uno de los cajones y cambia un roquete por otro.)* Como entre un momento en la sacristía se conoce en seguida.

HERMANA.—Y tan se conoce como que si no entrara a quitar el polvo de vez en cuando, llegaría el día que habría que barrerlo con escoba. Y todo por no hacer las cosas como Dios manda.

SACRISTÁN 2.º—¿Qué tendrá que ver Dios con el polvo?

HERMANA.—Lo mismo que con todo. No se menea la hoja de un árbol sin su consentimiento.

SACRISTÁN 2.º—¿Ni un grano de arena?

HERMANA.—Ni un grano de arena.

SACRISTÁN 2.º—¿Ni un grano de tierra?

HERMANA.—Ni un grano de tierra.

SACRISTÁN 2.º—¿Ni el polvo?

HERMANA.—Ni el polvo.

SACRISTÁN 3.º—Entonces deje usted el polvo quieto. Cómo le vamos a quitar a los muebles lo que Dios le pone.

HERMANA.—Dios no le pone el polvo a los muebles.

SACRISTÁN 2.º—¿En qué quedamos...? ¿No consiente Dios que se mueva el polvo de un lado para otro?

HERMANA.—Sí.

SACRISTÁN 2.º—¿Si Él quisiera no evitaría que entrara aquí?

HERMANA.—Ya lo creo.

SACRISTÁN 2.º—Pues entonces dejemos el polvo quieto. Cuando Dios lo consiente, convendrá.

HERMANA.—No, no, qué disparate. Para eso nos ha dado Dios el libre albedrío.

SACRISTÁN 2.º—¿Para limpiar el polvo?

HERMANA.—Para eso y para todo.

SACRISTÁN 2.º—¿Me quiere usted decir, hermana, cómo se limpia el polvo con el libre albedrío?

HERMANA.—*(Haciendo mutis.)* Le quiero decir que irá usted al fondo del infierno por descreído y que si yo fuera la superiora lo ponía de patitas en la calle por hereje. ¡Alabado sea Dios! ¡Alabado sea Dios! *(Mutis.)*

SACRISTÁN 1.º—¡Alabado sea Dios!

SACRISTÁN 2.º—*(Socarrón.)* ¡Alabado sea Dios!

SACRISTÁN 1.º—Una cosa de éstas te cuesta ir a la calle.

SACRISTÁN 2.º—No creas, estamos de acuerdo. Ellas piensan lo mismo. El otro día hablaba yo con sor Elena. Sor Elena, que es una santa, se pasa la vida pidiendo a Dios que ayude a su padre que es labrador, un labrador pobre. Con mucha familia, con un hijo enfermucho, una hija viuda con unos cuantos chiquillos y otra soltera ya vieja. Él los mantiene a todos, muy trabajador, muy formal, muy bueno, muy religioso. Siembra unas tierras que él mismo labra y con lo que le dejan las cosechas pasando mil apuros mantiene a su gente. El otro día vino a misa, confesó y comulgó. Habló con sor Elena. Estaba muy contento porque su campo prometía mucho este año. Faltaban pocos días para la siega. Ya no había nada que temer. Cuando volvió a su casa se encontró con la tierra pelada. Un fuego había consumido la sementera, la ruina de su casa iba a ser completa. Sor Elena lloró mucho. Se atribuía ella la culpa completa. ¡La pobre!

SACRISTÁN 1.º—¿Y ella qué culpa tiene?

SACRISTÁN 2.º—Ella del fuego no, pero de la miseria... un poco. Su padre aseguraba contra incendios su cosecha. Este año con el dinero del seguro costeó un triduo al Sagrado Corazón... Se lo pidió ella y estaba tan tranquilo... Por eso lloraba sor Elena... ¿Qué era lo que te iba a decir...? ¡Ah!... Yo le hablé de esto y había que oír a la probrecilla... No es posible... No es posible... ¿Dios no se mete en esto...? Y yo le contestaba lo que ellas dicen siempre: convendrá, sor Elena, convendrá cuando Dios lo ha dispuesto, convendrá. Sin su consentimiento no se mueve ni la hoja de un árbol... Y ella seguía diciendo: No es posible, no es posible. Dios no sabe nada de eso, si no no pasaría. ¿Cómo había de pasar?

*(Dentro, en un murmullo, empiezan a coro los rezos de las monjas.)*

SACRISTÁN 1.º—*(Aligerando.)* Este roquete es chico para el padre Ernesto.

SACRISTÁN 2.º—No viene el padre Ernesto. No lo quieren, es muy intransigente. Viene el padre Ludovico.

SACRISTÁN 1.º—¿Y no es lo mismo?

SACRISTÁN 2.º—No, es más bonachón. Tiene más mundo. Entró ya grande en la compañía, antes de profesar vivió su vida de hombre y eso sirve de mucho... Aligera y vamos a encender.

*(Preparan sus cañas y pasan a encender la cera de la iglesia. Queda sola la escena un momento. Se oyen más fuertes los rezos de la comunidad. Entran en escena los espíritus de* RAFFLES, ADRIANA *y los dos criados. Todos cubiertos con capas blancas.)*

ADRIANA.—¿Qué otra nueva farsa nos preparas? No sé cuándo te vas a cansar de mortificarnos.

RAFFLES.—Guarda tus reproches, mujer. Te prometo solemnemente que en esta ocasión han de quedar tus ambiciones satisfechas. Nadie pudo soñar nunca con lo que yo voy a ofrecerte.

ADRIANA.—¿Qué podrás ofrecerme tú, que ya nada puedes?

RAFFLES.—Lo que no alcanzas ni con tu fantasía.

ADRIANA.—¡Mi cuerpo!

RAFFLES.—Más que tu cuerpo.

ADRIANA.—Mientes, tratas de ilusionarme.

RAFFLES.—Mírame a los ojos.

ADRIANA.—*(Cerrando los suyos.)* No quiero, Raffles, no quiero. Si no puedes revestir de carne mi espíritu haz que me quede ciega para siempre, que yo no me vea nunca, que no te desee. ¡Horrible martirio el de mi alma que aún guarda la memoria de los placeres y ya no puede saborearlos! Vuélveme al mundo, vuélveme mi carne y mis nervios y mi sangre y, si no, emplea tu poder en suprimirme, ¡que yo no exista, Raffles, que yo no exista, que ya no puedo con mi sufrimiento!

RAFFLES.—Espera, mujer. Pídele un plazo a tu deseo, que yo te prometo mucho más de lo que tú ambicionas.

ADRIANA.—Me engañas.

RAFFLES.—Raffles no miente nunca.

ADRIANA.—No puedes.

RAFFLES.—Raffles lo puede todo.

ADRIANA.—No puedo dominar mi impaciencia.

RAFFLES.—Concédeme un plazo, un pequeño plazo. Cree en mí. Se acerca el padre Ludovico. Viene a la confesión general de unas monjitas. Apenas se siente en el confesonario pega tu voz a la ventanilla y confiesa pecados insignificantes de malos pensamientos. Yo haré lo demás.

*(Pasan todos a esconderse entre los paños que separan la iglesia del locutorio. Entra en escena el* PADRE LUDOVICO. *Se quita el manteo, revistiéndose de roquete y estola. Los rezos de la comunidad se convierten en cánticos. El* PADRE LUDOVICO *después de hacer sus rezos se sienta en el confesonario y en el mismo instante aparece* ADRIANA *y confiesa unos momentos y el*

PADRE LUDOVICO *le da su absolución. Al mismo tiempo, aparece por detrás del confesonario el espíritu de* RAFFLES. *Cesan los rezos de las monjas.)*

Perdóname, padre Ludovico, que te robe esta absolución. La necesito. *(El* PADRE LUDOVICO *en actitud beatífica apoya su cabeza en sus manos.)* Por un capricho de mi imaginación he dado a esta mujer un estado de vida que ella no quiere soportar. No puede vivir como yo he ideado. Mi caballerosidad me obliga a proporcionarle su felicidad. Como no puedo volverla a la tierra me la llevo al Reino de Dios para compensarla de sus amarguras, en el disfrute de la dicha reservada a los que sufren contra su voluntad porque viven fuera de su órbita.

PADRE.—*(Como si hablara consigo mismo.)* Qué extraños pensamientos me asaltan, Dios mío. Quién pudiera hablar así que no fuera alma en pena.

RAFFLES.—¡Alma en alegría! Ahíta de ilusiones y esperanzas, ansiosa de todas las libertades, de todos los misterios, de todas las inquietudes. Rebasar el límite humano con nuestra propia humanidad. Hacer flecha del entendimiento. Arco de nuestra voluntad. Sin rectificaciones, con nuestros propios hábitos. Seguros de nosotros mismos. Sin miedo, sin temores..., pero ella... ella necesita más y más... y yo he de ofrecerle el Reino de los Cielos. Por eso te robo tu absolución, padre Ludovico.

PADRE.—¿De qué sirve la absolución al alma libre que esté por encima del pecado?

RAFFLES.—De salvoconducto para salvar a la que vive en él.

PADRE.—Pero eso es sólo misión de Dios mismo.

RAFFLES.—... o de Raffles...

PADRE.—No, no, fuera estos pensamientos impuros. Creo en Dios Padre todopoderoso creador del Cielo y de la tierra...

RAFFLES.—Y del hombre... *(Suenan los cánticos de las monjas mientras cae el telón.)*

FIN DEL PRIMER CUADRO

## CUADRO SEGUNDO

Planos superpuestos de colores puros y claros. Una cortina cierra la escena. Al levantarse el telón un Ángel, comprensivo y humano, estará sentado al borde de uno de los primeros planos. Más arriba y en la misma posición estará RAFFLES. El Ángel viste túnica de peregrino y RAFFLES lo mismo que en el acto anterior

RAFFLES.—No acabaría nunca mi relato, pero puedes creerme: no se vive bien en la tierra.

ÁNGEL.—Olvidaste decirme tu nombre.

RAFFLES.—Eduardo.

ÁNGEL.—San Eduardo. Estuviste bajo la advocación de un santo que goza aquí de una gran influencia. Por eso, y por lo que he podido sacar de tu relato, estoy seguro de que a ti te fue bien en el mundo.

RAFFLES.—Sí y no.

ÁNGEL.—Exacta manera de concretar. De no tener otras muchas pruebas, con ésa me bastaría para saber que eres inteligente.

RAFFLES.—Y el estar aquí. ¿No es requisito indispensable la inteligencia para ganar la dicha eterna?

ÁNGEL.—*(Sonriente.)* Sí y no.

RAFFLES.—¡Bonita manera de esquivar la respuesta!

ÁNGEL.—No. Es que sólo el Señor posee absolutamente la verdad. Nadie que no sea Él —siendo inteligente— podrá negar o afirmar en absoluto. Sí y no, he aquí dos palabras que irán unidas en el corazón del justo y si pudieras comprender nuestro lenguaje te diría que todas las cosas se crearon con mitad de sí y mitad de no. *(Pausa.)* ¿Qué piensas?

RAFFLES.—¡Pienso tantas cosas!...

ÁNGEL.—¿Y por qué no hablas?

RAFFLES.—Temo ser molesto.

ÁNGEL.—No temas nada. Cada palabra tuya conquista un poco más de mi afecto, acabarás ganándome por completo. Tienes el don más peligroso del ser humano, la simpatía.

RAFFLES.—¿Peligroso?

ÁNGEL.—¡Uff...! Su origen data de los primeros siglos. Hubo que premiar servicios importantísimos. No sabíamos cómo. Después de muchos cabildeos y de rebuscar con detenimiento durante varios días entre la fórmula de la Creación, se creó el don de ser simpático. Era tanto como la inquietud para quien lo disfrutara... luego..., luego nos han dado mucha guerra los simpáticos. Pero son inviolables, así lo quiso Dios.

RAFFLES.—¿Y dices que el don de ser simpático fue sacado de una fórmula?

ÁNGEL.—De la fórmula de la Creación.

RAFFLES.—¿De la fórmula de la Creación...?

ÁNGEL.—Sí, como todas las cosas. A nosotros el hecho ha llegado en forma de leyenda. La simpatía no es ni más ni menos que eso que llamáis en la tierra varita de virtud.

RAFFLES.—¿Y de qué sirve al alma la simpatía?

ÁNGEL.—De todo lo mismo que al cuerpo.

RAFFLES.—Yo no disfruto de ningún beneficio.

ÁNGEL.—¡Qué ingrato eres! Crees que todos podrían hablar conmigo, como tú lo haces, si no fuera por tu simpatía.

RAFFLES.—¿Y de qué me sirve hablar contigo si no puedo pedirte nada?

ÁNGEL.—¿Y qué quieres pedirme?

RAFFLES.—Que satisfagas mi curiosidad.

ÁNGEL.—Habla.

RAFFLES.—¿Cómo se hizo el mundo...?

ÁNGEL.—¡Me gustan tus ingenuidades de niño! El mundo se hizo sencillamente: primero el gran proyecto, la tierra. Luego la luz, las bestias, las aves, la hierba verde, los árboles, un huerto en el Edén al Oriente, el hombre, la mujer..., el amor..., cada cosa tenía su fórmula y cada fórmula su combinación matemática. A mí me cupo en suerte, por voluntad divina, compartir con *Jehová* las primeras emociones de la Creación. Él ideaba y yo obedecía. A cada cosa nueva un grito de júbilo salía de nuestro ser y todo lo encontramos perfecto.

RAFFLES.—¿Y esas fórmulas las tiene el Señor...?

ÁNGEL.—Las guardo yo con su secreto manejo que yo sólo poseo. *(Pausa.)*

RAFFLES.—Quisiera...

ÁNGEL.—¿Qué quieres...?

RAFFLES.—Quisiera... no me atrevo...

ÁNGEL.—Habla.

RAFFLES.—No.

ÁNGEL.—Habla.

RAFFLES.—Quisiera tener mis manos.

ÁNGEL.—De no verte aquí entre nosotros sospecharía que tu alma no está purificada del todo. Quién sabe si estuviste poco tiempo en el purgatorio. La simpatía..., ¿para qué puedes querer aquí tus manos?..., sólo que...

RAFFLES.—*(Interrumpiéndole.)* No, si es... un deseo inocente. Es que... yo fui en la tierra un fumador empedernido. Más que fumar gozaba mi espíritu viendo cómo el humo de mis cigarrillos formaba voluptuosas espirales siempre hacia arriba como mensajero de mi deseo...; hoy, al oírte hablar de las fórmulas de la Creación y del afecto que me tienes pensaba..., no te enfades..., pensaba en lo dichoso que sería si pudiera fumar.

ÁNGEL.—*(Sonriendo.)* Nadie tan ingenuo como tú. ¡Fumar en el Cielo!

RAFFLES.—*(Con interés.)* ¿Consientes...?

ÁNGEL.—Qué he de consentir, alma loca.

RAFFLES.—*(Rogando ingenuamente.)* Anda, Ángel bueno.

ÁNGEL.—Calla, adulador.

RAFFLES.—No me quieres nada.

ÁNGEL.—Calla, calla. Sería otro tu conflicto. Tú no sabes. Los primeros fumadores que vinieron nos plantearon una seria cuestión. Traían reputación de viciosos. Fueron recibidos con la debida prevención. Pronto nos convencimos que no eran más que tontos..., y tan tontos, tan exageradamente tontos que ni aquí tenían sitio adecuado. Hubo que ver lo que se hacía con ellos y, después de pensarlo bien, decidimos mandarlos al Limbo, que desde entonces es reservado para los fumadores. No, no puedo acceder a tus deseos. Aun suponiendo que esa tontería fuese grata a los ojos de Dios y que yo consintiera, ¿cómo ibas a coger tu cigarrillo?

RAFFLES.—*(Con alegría.)* ¡Poniéndome mis manos!

ÁNGEL.—Eso no es posible.

RAFFLES.—¿...Y tu fórmula...?

ÁNGEL.—Sólo dispone de ellas el Señor.

RAFFLES.—Pídeselo tú, no te lo negará.

ÁNGEL.—Calla, calla, no debo oírte con paciencia. Debemos separarnos.

RAFFLES.—No, no, de ninguna manera. Te seguiré a todas partes, te imploraré, pasaré la vida rogando, se llenarán mis ojos de lágrimas..., me pondré triste..., no podrás negarte.

ÁNGEL.—*(Iniciando el mutis seguido de* RAFFLES.) Calla, pilluelo, calla. Estas almas simpáticas son de la misma piel del demonio.

RAFFLES.—*(Detrás del* ÁNGEL.) Anda, Ángel

mío, déjame mis manos..., mis manos... *(Mutis de los dos.)*

*(Por el lado contrario entra* ADRIANA *seguida del espíritu de los dos criados.)*

ADRIANA.—*(En voz baja.)* Raffles... Raffles... Es horrible mi situación, no me hace caso.

JUAN.—Sosiéguese, señora.

ADRIANA.—Si alguien te oyese llamarme señora nos echarían de aquí inmediatamente.

CARLOS.—Sosiégate, hermana.

ADRIANA.—*(Con rencor.)* ¡Hermana, hermana! Pronto olvidaste la casa de Lord Lister. *(Con indignación.)* ¡Maldita mil veces mi torpeza! Estúpidos prejuicios que nos aprisionan en sus redes y nos manejan como a tontos. Debí comprender a lo que me exponía siguiendo los consejos de este hombre. ¿Qué le importa a él mi juventud ni mis satisfacciones? ¿Con qué podrá compensarme de lo que me priva?

JUAN.—Con este sosiego eterno.

ADRIANA.—Sosiego eterno... muerte..., calla, calla, que me suenan tus palabras a venganza satisfecha. Ya no podré nunca vestir mis galas y empolvar mi rostro, ni amar ni ser amada de nadie. El murmullo de la adulación ya nunca regalará mi oído.

JUAN.—El Reino de la humildad tiene otros encantos.

ADRIANA.—Mientes, miserable. La humidad es el vestido de los criados y sólo produce sacrificios y humillaciones.

JUAN.—Que tienen ese premio.

ADRIANA.—Este castigo. El más terrible de los castigos. El sosiego eterno. Sólo los pobres de espíritu, los cobardes, los impotentes, los rencorosos, la escoria de la raza humana, los que lamen la mano que los oprime, los que gozan en el dolor... enfermos, miserables... histéricos...

JUAN.—Sosiégate, hermana.

ADRIANA.—No, no, basta de irreverencias. Humíllate ante mí, ante tu señora, óyelo bien. Tu señora. La que pagaba tu salario, la que regía tu vida... *(El criado sonríe.)* No, no, no puedo más. No puedo más. *(Con ira.)* ¡Mi cuerpo! Yo quiero mi cuerpo a costa de lo que sea. Pase lo que pase. *(A* RAFFLES, *que entra sonriente.)* Eduardo, Eduardo mío, ¡por amor! *(Va hacia él y apoya la cabeza en su pecho.) (Sumisa y cariñosa).* Eduardo mío, recuerda mis brazos blancos y suaves que se enroscaban en tu cuello como reptiles adormecidos y mis piernas vestidas de seda... y mis piececitos aprisionados en satén y mis manos, pálidos soportes de mis uñas, y de mis esmeraldas, y mi cuello casi de pluma rodeado de perlas y mi cuerpo, ¿te acuerdas de mi cuerpo? ¿Te acuerdas cuando llenabas mi gabinetito de flores y mi cara de besos y mis ropas de esencias y murmurabas a mi oído que me deseabas con toda la pasión de tu alma...?

RAFFLES.—Sigue, bien mío, sigue, no te calles ya nunca... sueña... que se desborde tu ilusión llena de aspiraciones, que yo escucho e iré satisfaciendo a la medida de tu deseo. Ya soy tanto como el Creador porque me apoderé de su secreto. Y cambiará la faz de la tierra y haré posible la felicidad y morirá el dolor y el odio y tu espíritu vestirá su cuerpo perfecto y tu pensamiento será la semilla creadora porque yo, pendiente de ti, seré el esclavo de tus caprichos y en siete días con sus noches reformaré el mundo en justicia y el primer día el de la resurrección de la carne, y el segundo día morirá el dolor y el tercer día las malas pasiones... y el cuarto llevará el aire suaves melodías y el quinto haré de la naturaleza una obra de arte... y el sexto dominaré los elementos y el séptimo llamaré a los hombres para compartir conmigo el trabajo eterno...

ADRIANA.—¡Estás loco...!

RAFFLES.—Y tu cuerpo será como antes.

ADRIANA.—Te burlas de tu pobre Adriana.

RAFFLES.—*(Separándose y mostrando su cuerpo vestido.)* No, mírame.

ADRIANA.—¡¡Raffles!!

RAFFLES.—Raffles, que te vuelve a tu ser en este mismo instante.

*(Pasa una mano suavemente sobre los hombros de ella, cae hacia atrás la capa de ésta dejando ver su cuerpo cubierto de túnica de seda blanca.)*

ADRIANA.—*(Cayendo de rodillas.)* ¡Milagro! ¡Milagro!

ÁNGEL.—*(Entrando.)* ¡Qué has hecho de mi confianza, hombre ingrato! (RAFFLES *va hacia los criados y les devuelve su cuerpo.)* Tan poco te importa mi conciencia y la tuya que no meditas sobre tu traición.

RAFFLES.—Escucha, Ángel bueno: me propongo hacer del mundo...

ÁNGEL.—*(Interrumpiéndole.)* Ya leo en tu pensamiento. ¡Pero no podrás! Olvidaste al robar la fórmula que sólo yo poseo su secreto manejo. La confusión será contigo. El hombre, como siempre, parará en el límite de lo sobrenatural y clamarán venganza contra ti y entonces...

*Raffles.*—Entonces no llegará nunca porque tú vendrás a la tierra con nosotros. *(Todos le rodean sujetándole suavemente.)* Porque así es preciso e indispensable... necesario...

MUTACIÓN Y FIN DEL SEGUNDO ACTO

# ACTO TERCERO

## CUADRO PRIMERO

El ÁNGEL y RAFFLES en la tierra. Pequeña plaza de un pueblo en Oriente. Es el día de la Resurrección. Por las callejuelas que dan a la plaza, a más del murmullo de los resucitados, salen en su momento los personajes. Pegado a una pared, aterrado, sumiso, con cara y actitud de espanto, está un ESCLAVO. Viste de túnica

ÁNGEL.—*(Al* ESCLAVO.) ¿Quién eres?

ESCLAVO.—*(Encogido y temeroso.)* Un esclavo, señor.

ÁNGEL.—¿Y qué es ser esclavo?

ESCLAVO.—Tener un amo, señor.

ÁNGEL.—¡Dios!

ESCLAVO.—No. El hombre. El hombre, que me castiga con su castigo y me unce a su carro y me utiliza en su servicio y me maltrata y me vende y me compra y me alimenta con maíz y me acuesta en la tierra y me priva de libertad.

ÁNGEL.—¿Y en nombre de qué ley...?

ESCLAVO.—Con su fuerza, señor.

ÁNGEL.—¿Y tu fuerza...?

ESCLAVO.—Yo soy débil, señor.

ÁNGEL.—¿Y quién te dio tu debilidad?

ESCLAVO.—Dios me hizo así, señor.

ÁNGEL.—Mientes, desgraciado. Dios hizo al ser humano fuerte y libre. Levanta tu cara, pon tu cuerpo en su postura.

ESCLAVO.—¡No puedo, señor, no puedo! Llevo así veinte siglos. El tiempo modeló mi naturaleza. De tal manera soy encogido que aunque mi carne quisiera estirarse no podría porque ya se encogió mi esqueleto. Mis huesos se han torcido como ramas verdes que se secaran reliadas. Que no me pegue el hombre, señor... que no me pegue el hombre... y mejor que todo no me vuelvas a la vida... déjame descansar..., déjame muerto...

*(Se queda en un rincón encogido. Fuera crecen los murmullos, próximo a la puerta se oye la voz del* CIEGO.)

CIEGO.—¿Dónde estás, Raffles? ¿Dónde estás, maldito? *(Entra con sus ojos vacíos.)* Ven que te toquen mis manos, que vean mis dedos desde cerca al que negó la luz a mis ojos. ¡Cómo te odio! Te maldecía sin conocerte. Sin saber que eras tú el que todo lo puede, el que mata y el que resucita. Ven, acércate, que quedaré contento en mi ceguera si logro estrujarte enentre mis manos. ¿Qué te hice, di, qué te hice para que al darme la vida me negaras la luz? ¿Qué delito cometí dentro del vientre de mi madre para que me arrancaras los ojos? Ven, acércate, que yo coja tu cuello entre mis garras y al mismo tiempo que te ahogo te voy sacando la descripción de los colores... Dime, ven... ¿Cómo es el verde y el azul y el rojo? ¿No te acercas?... Qué creías, que iba a venir a tu presencia temeroso a pedir perdón por mi soberbia. Aún pensabas castigarme porque me quejo... Di, habla. Ven.

*(Tropieza con él, estruja con sus manos las manos de* RAFFLES *por la muñeca. Éste acaba por perder toda su prestancia.)*

RAFFLES.—Me haces daño.

CIEGO.—*(Rencoroso.)* ¿Mucho daño?

RAFFLES.—Más que con tus palabras.

CIEGO.—Dime, dime, ¿cómo es el verde?

RAFFLES.—Como el mar.

CIEGO.—¡El mar! Y el azul, ¿cómo es el azul?

RAFFLES.—Como el cielo.

CIEGO.—¡El mar! ¡El cielo! ¡El cielo! ¿Y el rojo?

RAFFLES.—Como la sangre.

CIEGO.—¡Sangre, mar y cielo!

RAFFLES.—Me haces daño, tienes dura la mano.

CIEGO.—Eso sí lo se. Mi mano es dura como el hierro. El hierro es consistente como mi venganza, mi venganza es insaciable como la ambición, pero los colores..., qué serán los colores...

RAFFLES.—*(Al* ÁNGEL.) Dame tus secretos y le daré sus ojos.

ÁNGEL.—¿Y quién se los quitó?

RAFFLES.—Es hijo de hombre y de mujer. Nació ciego.

ÁNGEL.—¡El hombre, la mujer! Malversadores de los dones de Dios. ¿Qué habrán hecho con las sustancias de tus ojos? *(Otra vez crecen los murmullos. Voces en la puerta.)* ¡Atrás, atrás, no se pasa! *(Otras voces:)* «¡Queremos ver a Raffles!» *(Otras:)* Esclarecer nuestro misterio. *(Otra:)* Liquidar nuestras cuentas con él. *(Se oye la voz de un hombre que dice:)* ¿Dónde estás, miserable? *(Entra en escena un* LEPROSO. *Viene desabrochando su túnica.)*

LEPROSO.—Mira, mira mi carne. Todo mi cuerpo es carne viva. No vengo a pedirte misericordia, que ya me cansé de eso. Vengo a exigirte que cierres mis llagas. Que cicatrices mis heridas. Hoy al saber quién eres no quiero preguntarte... y podría... el porqué de mis miserias y de mis sufrimientos. Mira. *(Se acerca a* RAFFLES *y le muestra las llagas de su cuerpo.* RAFFLES *se encoge con espanto.)*

RAFFLES.—*(Al* CIEGO.) Suelta, suelta. *(Al* LE-

PROSO.) Aparta, que tus llagas van de cuerpo a cuerpo como semilla voladora.

LEPROSO.—Cura mi lepra.

RAFFLES.—*(Al* CIEGO.) Deja libre mi mano.

CIEGO.—*(Apretándole más.)* Dime cómo son los colores...

RAFFLES.—*(Al* ÁNGEL.) Dame tu secreto.

ÁNGEL.—*(Al* LEPROSO.) ¿Quién puso así tu cuerpo? ¿Qué hicieron los hombres con su hermosura?

LEPROSO.—¿Y tú quién eres?

ÁNGEL.—Yo soy..., mira... *(Va hacia él y le besa sus llagas.)*

*(Otra vez crece fuera el clamor de los resucitados. Entra en escena una* MUJER *guapa intensamente pálida. El pelo suelto y negro y la túnica del mismo color que su pelo).*

MUJER.—Señor, señor, quitad la pena de mi pecho. Mis ojos ya agotaron su llanto. Mi hijo murió enfermo y revive enfermo y agoniza otra vez. Tiene la cara amoratada porque tose y tose cuando lo estrujo contra mi pena, se agita su cuerpo convulsivo y se inyectan sus ojitos en sangre y lo veo morir y yo no muero y en mis ojos se agotó ya el llanto y tengo aquí. *(Se aprieta con su mano su garganta.)* Señor, señor... *(Su voz se va apagando.)* Señor...

RAFFLES.—¡Dame tu secreto!

ÁNGEL.—No. Devuélveme la fórmula. (RAFFLES *hace signos negativos.)* Nada puedes hacer con ella. ¿Para qué la quieres?... En este día de la resurrección en que toda la tierra es una mancha humana, al pasar el límite de lo sobrenatural en su inconsciencia, todos piden venganza contra ti. La injusticia te hace su vasallo y tú nada puedes. Déjame la fórmula del placer y quitaremos la memoria al dolor. Después si quieres sellaremos un pacto.

MUTACIÓN

## CUADRO SEGUNDO

Escalera coronada por un torreón cubierto de un viejo castillo. Ventanales al campo en la escalera y en el torreón. Suben ADRIANA y el ÁNGEL seguidos de RAFFLES

ADRIANA.—*(Dirigiéndose al* ÁNGEL.) ¿Y tu pacto?

ÁNGEL.—*(Subiendo trabajosamente.)* Espera.

ADRIANA.—*(Ya arriba.)* Ya no hay más allá. Estamos en la parte más alta del castillo. Dime, ¿cuál es vuestro pacto?

ÁNGEL.—*(Llevándola hacia la ventana que da al campo mientras* RAFFLES *se asoma a la de la escalera.)* Ven y mira con qué orden están colocadas las montañas y las flores y los árboles y los arroyos. Mira cómo las fieras saltan contentas a la luz del sol en primavera. Ni un animal se queja. Cada uno de ellos ocupa su lugar y su espacio. Mira más lejos... Son los resucitados, apenas perdieron la memoria ya utilizan la inteligencia en labrar sus armas, en afilar sus hachas. Ya se acometen unos a otros. Míralos cómo luchan padres contra hijos, hermanos contra hermanos, ya empiezan a escribir su nueva historia. Ante el horror de este espectáculo, ¿cuál es tu pensamiento, mujer?

ADRIANA.—¡Qué bonito horizonte el que forma el relucir de los aceros! ¿De qué mujer será la gloria del que triunfe? ¡Qué hermoso es su pecho salpicado de sangre y su cara intensamente pálida! ¿Dónde pondrá sus ojos y sus labios?

ÁNGEL.—Mira más allá. Ve cómo despiertan sus monstruosas chimeneas. Ya estropean los parques de la naturaleza con esas cintas blancas —reptiles gigantescos que destrozan los llanos y las montañas— por donde corren con sus máquinas infernales. Ya amontonan el oro, sima de rencores donde el choque del sol ciega la vista. Dime. ¿Cuál es el sentimiento de tu alma, Adriana?

ADRIANA.—¡Qué bonita figura la del hombre rico y poderoso que sabe labrar su fortuna! A qué mujer irán sus cortesías y sus flores y sus regalos. Pronto, Ángel, pronto. ¿Qué habéis hecho del hombre en vuestro pacto?

ÁNGEL.—Ante el espectáculo humano tu corazón no vibra con cordura, no ves la miseria que circula entre los hombres. No sabes de armonía. ¿Cómo podrás comprender nuestro pacto?

ADRIANA.—Con los sentidos, con mis sentidos. ¡Que pase el guerrero por mis ojos!, que el ruido de su gloria me ensordezca. Que la dureza de su piel arañe mi tacto. Que el olor de la sangre embriague mi olfato. Que mis labios saboreen el jugo de sus labios...

ÁNGEL.—Basta ya, basta. Dentro del corazón del mundo perturba el ruido de tu instinto. *(A* RAFFLES.) Antes que la serpiente se acomode entre el cielo y la tierra llevemos a cabo nuestro pacto. Que el hombre...

ADRIANA.—*(Interrumpiéndole.)* ¡El hombre, el hombre!, ¿qué habéis hecho del hombre en vuestro pacto?

ÁNGEL.—Suprimirlo. En el universo creado por Dios estorba el hombre; hay que quitarlo y romper su molde, la mujer, imán de todos los desvaríos. Suprimir el hombre y la mujer, he aquí nuestro pacto.

ADRIANA.—*(Con extrañeza.)* Sup... pri... mirnos...

ÁNGEL.—Ése es nuestro pacto.

ADRIANA.—... Y él... ¿Consiente él...?

ÁNGEL.—*(Hace signos afirmativos con la cabeza.)*

ADRIANA.—*(A* RAFFLES.) ¡Tú... tú! ¿Tú empleas tu poder, todo tu poder en suprimirme? *(Nerviosamente.)* No, no, no. No lo creo. *(Baja unos escalones hacia él y coge su cabeza entre sus manos.)* Dime que no, Eduardo, dime que no. No me lleves a la muerte, no me quites de nuevo mi cuerpo. No, no, no. Pero si no es posible. Una vida llena de incertidumbre, de peligros, de desasosiegos, de inquietudes, y en el momento de tu triunfo, cuando mandas en toda la tierra, cuando todo se mueve a tu antojo, cuando puedes probarme tu amor y demostrarme tu cariño, consientes en suprimirme, su-pri-mir-me a mí, en suprimirte tú... ¡Suprimir el hombre y la mujer, la más perfecta obra de Dios! ¡No, no! Cambien los campos y los vientos y los siglos, que el mar se vuelva manso y el huracán caricia para tus veleros; que aumente la velocidad de tus caballos y la prestancia de tus criados y el confort de tu casa. Aumenta mi belleza, llena de piedras preciosas mis manos y mi cuello. Piensa, Eduardo mío, toda la felicidad que nos aguarda manejando a nuestro gusto tu poder. No transijas. Qué te importa a ti el mundo de los otros. Tú para mí, y yo para ti. Contentos..., dichosos...

RAFFLES.—No puedo, Adriana, no puedo. La perspectiva de mi poder aumentaba mi responsabilidad. Cada vez era mayor mi remordimiento, llegué a tener miedo... y cedí.

ADRIANA.—No, no, eso no es posible. Mírame.

RAFFLES.—No puedo. Las llagas del leproso mancharon mis ojos, sólo veo miserias.

ADRIANA.—Yo los limpiaré con los míos y los cargaré de bellezas. Juntaremos nuestro pecho.

RAFFLES.—Imposible. Mi pecho está lleno de angustias ante el sufrimiento de los resucitados.

ADRIANA.—Yo lo llenaré de amor, rodearé tu vida de mimos y de cuidos.

RAFFLES.—Ya es tarde. Siento un dolor agudo

en mis huesos que rompió de tanto apretar la venganza del ciego.

ADRIANA.—Yo te curaré.

RAFFLES.—Ya no hay remedio. Todo está tratado. La armonía del mundo estaba rota. Tiene razón el Ángel. Debemos morir.

# «SOLEDAD»

## COMEDIA EN MÁS DE UN ACTO

# ACTO PRIMERO

Oficina en Sevilla de la sociedad anónima de construcciones *Norte de España.* Al levantarse el telón están en escena MIGUEL, ayudante del ingeniero director, y MARÍA, mecanógrafa de la citada oficina

MIGUEL.—*(Dictando desde la mesa donde trabaja.)* No podemos admitir como razón la excesiva demanda de material porque ya con anterioridad se les advirtió lo urgente del pedido. Si con toda seguridad no podían complacernos, nunca debieron comprometerse a ello. Nuestros trabajos no pueden estar sujetos a demoras de esa naturaleza, y si para mañana diecisiete no hubiese llegado nos veremos en la necesidad de rescindir nuestros compromisos. En espera de sus noticias, etc., etc...

MECANÓGRAFA.—*(Terminando de escribir.)* ¿Qué más?

MIGUEL.—Otra, exactamente lo mismo, a la fábrica de cerámica; otra igual al contratista de la madera; otra a...

MECANÓGRAFA.—*(Interrumpiéndole.)* Oiga, don Miguel, y si verdaderamente no pueden...

MIGUEL.—Nos surtiremos en otras partes. Nuestro director no admite dilaciones. Su obsesión es la rapidez. Él sabe el porqué del fracaso de su antecesor, y como tiene un tesón y una voluntad verdaderamente admirables, se ha comprometido a terminar antes de fin de año todas las obras encomendadas a su sociedad, y está dispuesto a cumplir a rajatabla su compromiso.

MECANÓGRAFA.—Si no lo aburren a disgustos.

MIGUEL.—No es fácil. Tiene un tesón extraordinario, una gran capacidad de trabajo, y la rara habilidad de adaptar a su forma a todas las personas que lo rodean.

MECANÓGRAFA.—¿Usted lo conocía antes de ahora?

MIGUEL.—Hace mucho tiempo. El es de Bilbao, en cuya oficina trabajamos juntos durante cuatro años, luego marchó a San Sebastián, y yo poco más tarde a Vitoria, y ahora nos hemos reunido de nuevo aquí. El asunto más bonito que tiene en su historia y que le ganó la confianza de la dirección, fue la construcción del puerto de no sé qué punto de África. Terminaba el plazo dado por el Estado el cuatro de agosto. En mayo se calcularon los trabajos por realizar en seis meses. Parecía imposible para nuestra sociedad cumplir el compromiso contraído. Se consultó a don Enrique, fue a África, se encargó de las obras y el veinte de julio estaba el puerto terminado y dispuesto para su entrega. Se le quiso gratificar con la paga de un año extraordinaria y rechazó la gratificación diciendo que no necesitaba ningún estímulo para el cumplimiento de su deber. Es un hombre verdaderamente admirable.

MECANÓGRAFA.—¿Casado...?

MIGUEL.—Soltero.

## ESCENA SEGUNDA

Entra en escena BAENA, contratista de obras

BAENA.—Buenas tardes.

TODOS.—Buenas tardes.

BAENA.—Don Enrique ¿no ha venío?

MIGUEL.—Aún no llega.

BAENA.—Me extraña porque me sitó a la tré.

MIGUEL.—Y a las tres vendrá.

BAENA.—Pué tendrá que darse prisa porque van a dá.

MIGUEL.—Y él entra.

DON ENRIQUE.—*(Entrando.)* Buenas tardes a todos.

TODOS.—Buenas tardes.

DON ENRIQUE.—¿Qué tal, Baena?

BAENA.—Muy bien don Enrique, ¿y usted cómo anda?

DON ENRIQUE.—De salud muy bien, de trabajo muy mal. Todo son demoras e inconvenientes, para eso lo llamaba.

BAENA.—Lo importante es la salú.

DON ENRIQUE.—Cuando se utiliza en algo útil, desde luego.

BAENA.—Siempre, don Enrique, siempre. Lo demá viene solo.

DON ENRIQUE.—En eso es en lo que no estoy conforme. Lo demás hay que traerlo. Nada viene solo.

BAENA.—Los disgustos.

DON ENRIQUE.—Los traemos nosotros... pero hablemos de lo que nos interesa. Las obras que le están encomendadas no pueden seguir el mismo paso.

BAENA.—Las aligeraremos un poquito.

DON ENRIQUE.—Hay que aligerarlas un pocazo. Quedó usted conmigo en que el quince de este mes entregaría terminados los últimos grupos del primer proyecto de edificaciones. Estamos a diecinueve y todavía no se acaban. Yo siento mucho decirle que me voy a ver en la necesidad de emplear el procedimiento de multas que tenemos estipulado. Porque si seguimos a este paso dentro de dos años estaremos todavía lo mismo, y esto no puede ser de ninguna manera.

BAENA.—Tenga usted en cuenta, don Enrique, que el primer proyecto tiene mucho entretenimiento. Lo dibujito de ladriyo tayao se las trae. No es lo mismo hasé una edificasión de semento que modelá una obra de arte con un pico sobre un ladriyo.

DON ENRIQUE.—Sí, pero todo tiene su límite en la vida. La otra mañana estaba uno de esos gandules que tiene usted haciendo el zócalo del *hall,* empezando a modelar un cuerpo de caballo. Por la tarde pasé por pura curiosidad a ver lo que había hecho durante el día, y efectivamente, tenía hecho un casco. No me pude contener y le dije ¿en todo el día no ha hecho usted más que un casco?, y con una gran tranquilidad me contestó: ahora busque usted quien haga un casco como ése y se fue tan tranquilo.

BAENA.—Y es verdá, no hay quien lo haga como él.

DON ENRIQUE.—Déjese de tonterías, con esa gente no hay quien haga nada.

BAENA.—Don Enrique, con esa gente se ha hecho la Giralda.

DON ENRIQUE.—Yo no he venido aquí a hacer la Giralda. Usted me acaba las obras antes del veinticinco.

BAENA.—¿Salga como salga?...

DON ENRIQUE.—Salgan como salgan.

BAENA.—Conforme; pasao mañana le entrego a usted las llaves.

DON ENRIQUE.—Y las otras antes de fin de año.

BAENA.—¡Mucho ante!, en octubre las va usted a tené lista. Esa edificasiones de semento armao la hasemos aquí más ligero que en ninguna parte.

DON ENRIQUE.—Pero que no tengamos luego excusas ni dificultades...

BAENA.—Puede usted está tranquilo; aquí esas cosiyas las hasemos ligero.

DON ENRIQUE.—*(A* MIGUEL.) Llama por teléfono al despacho del señor Tavira. *(Se dirige a dos empleados que entran en ese momento.)* Es preciso que entren ustedes a las tres en punto. Espero que no se repetirá esta tardanza.

MIGUEL.—*(Hablando por teléfono.)* ¿Es el despacho del señor Tavira? Espere que le van a hablar.

UN ORDENANZA.—El maestro herrero.

DON ENRIQUE.—Que pase. *(En el teléfono.)* ¿El señor Tavira? *(Entra el* HERRERO.) ¡Oiga! ¡Oiga!...

HERRERO.—¿Es a mí?

DON ENRIQUE.—*(Siguiendo en el teléfono.)* ¡Oiga! ¡Oiga!... *(Al* HERRERO.) No, maestro, un momento. *(Al aparato.)* ¡Oiga! ¿Es el señor Tavira?... Dígame, ¿qué sucede con la expedición de la casa Waterman?... Pero usted comprenderá que en muelle no hace nada. Es en el almacén donde nos hace falta... ¿Y le parece poco tiempo de ayer a hoy?... Bueno, bueno, pero sin falta... Adiós. *(Deja el aparato y se dirije al maestro herrero.)* Dígame, maestro: ¿No hay posibilidad que entregue usted los cerrojos que se le tienen encargados desde el mes de abril?

HERRERO.—No señor; si hubiera habío posibiliá ya estarían entregaos.

DON ENRIQUE.—¿Pero es posible que en hacer veinte cerrojos se tarde cuatro meses?

HERRERO.—Sí señor, cuatro mese... y má. Si yo los pudiera hasé con una máquina tardaba cuatro días, pero como los hago con las manos tardo cuatro meses. Ademá, no es mía toa la curpa. Los labraíyo de lo ángulos no hay quien los haga como el ofisial que tengo. E afisionaiyo a los toros y de serrojo a serrojo se va a una capea, y usted comprenderá que no se le va a entregá er trabajo a otro. Hay que esperarlo porque los artista tienen esas cosa, trabajan cuando les paese bien.

DON ENRIQUE.—Pues le espera usted con el tiempo que le parezca pero yo no lo espero ni un día más. Yo no puedo tener pendientes mis trabajos de las capeas de los pueblos. Si usted puede entregar mañana los cerrojos bien, si no... los encargaremos en otra parte.

HERRERO.—Sin los dibujos los pueo entregá esta misma tarde. Con los dibujos, lo meno hasta úrtimo de me...

DON ENRIQUE.—Pues me los trae usted mañana mismo como los tenga. Yo no necesito dibujos para cerrar las puertas.

HERRERO.—Pa cerrarlas, no. Pa abrirlas yo lo he nesesitao. Pero en fin, usted lo quié sensiyo y mañana mismo los tiene usted aquí.

DON ENRIQUE.—¿Y los otros?

HERRERO.—¿Los que usted a dibujao?...

DON ENRIQUE.—Los que yo he dibujao.

HERRERO.—Eso están hecho en un solo día.

DON ENRIQUE.—¿En un día?

HERRERO.—En un día. Esa cosas sensillas se jasen aquí mu ligero. Pasao mañana se lo entrego a usted pero me convendría que me jisiera usted otra ve er dibujito.

DON ENRIQUE.—Ahora mismo. Pase usted por aquí. *(Mutis del* HERRERO *por el lateral derecha.)*

DON ENRIQUE.—*(A* MIGUEL.) ¿Escribió usted las cartas que encargué esta mañana?

MIGUEL.—Sí señor, ahora las pasaré a la firma.

DON ENRIQUE.—Díctele a la señorita el cierre de cuenta del mes pasado y con los planos del señor Pardo mándelo a la dirección. Diga también que nos hacen falta dos camionetas. Hable a la dirección de teléfonos para que activen la colocación del aparato en los depósitos. Mande un besalamano al arquitecto municipal citándolo para mañana a primera hora. Redacte una nota para la prensa con el proyecto completo de las obras que pensamos realizar y dígame las disponibilidades de la cuenta corriente.

*(Sale* DON ENRIQUE. *Durante este párrafo* MIGUEL *habrá ido tomando nota de lo que le ha dicho.) (Pausa.)*
*(En la oficina todos trabajan activamente. Mientras* MIGUEL *ordena unos papeles aparece* SOLEDAD *en la puerta.)*

*SOLEDAD.—(A la mecanógrafa.)* ¿Te falta mucho?

MECANÓGRAFA.—*(Bostezando.)* ¡Medio siglo!

SOLEDAD.—¡Lo ves, tonta! *(Acariciándola.)* ¡Cuántas veses he querido quitarte de la cabesa esas cosas der feminismo! Tus manos hechas para bordar mantos de vírgenes y túnicas de santo van con estos ejersisios de hombre desarrollando feamente sus músculos, y llegará er día que tus dedos formando porriyas por las llemas no se avengan a manejar la aguja o lo hagan torpemente, y si todas las muchachas siguen tu ejemplo, habremos conseguío que nos llamen mujeres modernas. Pero piensa si vale la pena cambiar ese elogio por los piropos que provocan las filigranas que tejíamos sobre los tersiopelos y los rasos con cordón, seda, canutiyo y lentejuelas. *(La* MECANÓGRAFA *deja de escribir y acaricia sus manos con coquetería.)* Si te hase farta, trabajar, trabaja de día, de noche, a todas horas, sin tregua... pero elige y cuida tu trabajo. No lo pongas en cosa tan ligera que se lo lleve er viento der correo. Cuida tu fruto y ponlo donde quede siempre como un testigo, que siendo mudo vosifere la fama de tu arma y de tu temperamento.

BAENA.—*(Embobado.)* ¡Cómo me gusta oírte, Soledad!

SOLEDAD.—Pues no dirás lo mismo cuando a ti te hable. Que si siempre te tuve mucha simpatía, ahora que te veo frecuentar el trato de *ese hombre,* empieso a aborreserte.

BAENA.—¿Tanto le odias?

SOLEDAD.—Le temo.

BAENA.—Sin motivo. Es mu buena persona.

SOLEDAD.—No me importa que sea bueno o malo, me atemorisa porque he de soportarlo y es intolerante.

BAENA.—To tiene arreglo en este mundo.

SOLEDAD.—Menos la intoleransia.

BAENA.—Tampoco tú lo toleras.

SOLEDAD.—Te equivocas. A él y a todos. Si de algo me presio es de tolerante. Como sé que la rasón es mía no transijo, pero tolero. Transijí es cosa de la cabesa, tolerar cosa del corasón. Tú que me conoses no me llames nunca intolerante.

MIGUEL.—*(Sin dejar de trabajar dirigiéndose a* SOLEDAD.) Le estorba usted más que le ayuda.

SOLEDAD.—Para su ayuda con usted le basta. Yo no puedo ayudarle porque no lo quiero, y si lo estorbo suya es la curpa. Yo no hago nada ni en contra ni en favor, y si los míos ponen obstáculos a sus intensiones es porque pretende imponerme sus gustos como una esclava. Cambiar mi risa fresca, infantil y alegre por ese gesto suyo serio, seco y ordenado. Y no hablemos de esto ni de nada que usted no es quien para meterse en lo que no le importa. *(A uno de los dibujantes.)* ¿Y tú que hases? Vergüensa te debía de dar con lo inteligente que eres echar esos borrones en tu carrera.

DIBUJANTE.—El que manda, manda.

SOLEDAD.—A los que no saben rebelarse.

DIBUJANTE.—¿Y el sueldo?

SOLEDAD.—Nunca te fartaría. Se cobra en dinero o en reputasión y con las dos cosas se come. Con lo que nadie se mantiene aquí es con el servilismo. Quítate esa chaqueta. Así. *(Se la quita.)*

*(Poco a poco han ido todos dejando su trabajo y escuchan con éxtasis a* SOLEDAD).

SOLEDAD.—Busca un asiento cómodo. *(Lo sienta en una butaca.)* ¡Así! y trabaja ahora o luego, cuando se te ocurra algo bonito.

HERRERO.—*(Saliendo y con efusión.)* ¡Soledad!

SOLEDAD.—¡Maestro! ¿Qué hase usted aquí?, ¿a qué viene?

HERRERO.—A ver a don Enrique.

SOLEDAD.—¿Y cómo lo trata?

HERRERO.—Mu bien, mujé, ¡no fartaba más! Ya ves si me tratará bien que quiere ahorrarme trabajo y me ha pintao esto dibujitos. *(Muestra unos papeles.)* *(Zumbón.)* Dile si lo ves —como cosa tuya— que se van a reír de los dos, de él por pintarlo, y de mí por haserlo.

SOLEDAD.—Díselo tú.

HERRERO.—Yo no me atrevo. Me voy.

SOLEDAD.—Espera...

HERRERO.—Yo, no... que es mu áspero. Me voy. Quearse con Dios. *(Sale.)*

*(Suena un timbre.)*

*DON ENRIQUE.—(Desde dentro.)* A ver qué hay que firmar.

MECANÓGRAFA.—*(Azorada empieza a escribir.)* ¡Un momento! ¡Un momento!

SOLEDAD.—Para, mujer, no corras tanto.

DON ENRIQUE.—*(Saliendo se queda sorprendido al ver que nadie hace nada.)* Pero... ¿qué hacen ustedes?

MIGUEL.—Todos embobados con la charla de esta señora.

DON ENRIQUE.—Se puede escuchar trabajando.

SOLEDAD.—Eso es descortesía.

DON ENRIQUE.—El trabajo no sabe de esas cosas.

SOLEDAD.—Cuando se trata conmigo nadie está exento de saberlo.

DON ENRIQUE.—*(A los demás.)* Cada cual a lo suyo, aquí no ordena nadie más que yo.

SOLEDAD.—*(Riendo a carcajadas con estridencia.)* ¡Ordenar! Ja... ja... ja... ja... ja... ja... ja... ja... ja... ja... ja... ja... ja... ja... ja... ¡Ordenar! Ja... ja... ja... ja... ja... ja... ¡Ordenar aquí! Ja... ja... ja... ja... ja.

TELÓN

# TÍTULOS PUBLICADOS
# EN COLECCIÓN AUSTRAL

Ramón del Valle-Inclán
1. **Luces de bohemia**
Edición de Alonso Zamora Vicente

Juan Vernet
2. **Mahoma**

Pío Baroja
3. **Zalacaín el aventurero**
Edición de Ricardo Senabre

Antonio Gala
4. **Séneca o el beneficio de la duda**
Prólogo de José María de Areilza y Javier Sádaba

Fernand Braudel
5. **El Mediterráneo**
Traducción de J. Ignacio San Martín

Gustavo Adolfo Bécquer
6. **Rimas y declaraciones poéticas**
Edición de Francisco López Estrada y María Teresa López García-Berdoy

Carlos Gómez Amat
7. **Notas para conciertos imaginarios**
Prólogo de Cristóbal Halffter

8. **Antología de los poetas del 27**
Selección e introducción de José Luis Cano

Arcipreste de Hita
9. **Libro de buen amor**
Introducción y notas de Nicasio Salvador

Antonio Buero Vallejo
10. **Historia de una escalera/Las meninas**
Introducción de Ricardo Doménech

Enrique Rojas
11. **El laberinto de la afectividad**

Anónimo
12. **Lazarillo de Tormes**
Edición de Víctor García de la Concha

José Ortega y Gasset
13. **La deshumanización del arte**
Prólogo de Valeriano Bozal

William Faulkner
14. **Santuario**
Introducción y notas de Javier Coy
Traducción de Lino Novás Calvo

Julien Green
15. **Naufragios**
Introducción de Rafael Conte
Traducción de Emma Calatayud

Charles Darwin
16. **El origen de las especies**
Edición de Jaume Josa
Traducción de Antonio de Zulueta

Joaquín Marco
17. **Literatura hispanoamericana: del modernismo a nuestros días**

Fernando Arrabal
18. **Teatro bufo (Róbame un billoncito/Apertura Orangután/Punk y punk y Colegram)**
Edición de Francisco Torres Monreal

Juan Rof Carballo
19. **Violencia y ternura**

Anónimo
20. **Cantar de Mio Cid**
Texto antiguo de Ramón Menéndez Pidal
Versión moderna de Alfonso Reyes
Introducción de Martín de Riquer

Don Juan Manuel
21. **El conde Lucanor**
Edición de María Jesús Lacarra

Platón
22. **Diálogos (Gorgias/Fedón/El banquete)**
Introducción de Carlos García Gual
Traducción de Luis Roig de Lluis

Gregorio Marañón
23. **Amiel**
Prólogo de Juan Rof Carballo

Angus Wilson
24. **La madurez de la Sra. Eliot**
Introducción y notas de Pilar Hidalgo
Traducción de Maribel de Juan

Emilia Pardo Bazán
25. **Insolación**
Introducción de Marina Mayoral

Federico García Lorca
26. **Bodas de sangre**
Introducción de Fernando Lázaro Carreter

Aristóteles
27. **Metafísica**
Edición de Miguel Candel
Traducción de Patricio de Azcárate

José Ortega y Gasset
28. **El tema de nuestro tiempo**
Introducción de Manuel Granell

Antonio Buero Vallejo
29. **Lázaro en el laberinto**
Edición de Mariano de Paco

Pedro Muñoz Seca
30. **La venganza de Don Mendo**
Prólogo de Alfonso Ussía

Calderón de la Barca
31. **La vida es sueño**
Edición de Evangelina Rodríguez Cuadros

José María García Escudero
32. **Los españoles de la conciliación**

Antonio Machado
33. **Poesías completas**
Edición de Manuel Alvar

Nathaniel Hawthorne
34. **La letra roja**
Prólogo de Jesús Aguirre, duque de Alba

Pío Baroja
35. **Las inquietudes de Shanti Andía**
Edición de Darío Villanueva

Gustavo Adolfo Bécquer
36. **Leyendas**
Edición de Francisco López Estrada y María Teresa López García-Berdoy

Ramón del Valle-Inclán
37. **Sonata de primavera y estío**
Introducción de Pere Gimferrer

Francisco Delicado
38. **La lozana andaluza**
Introducción de Ángel Chiclana

José Guillermo García Valdecasas
39. **El huésped del rector**

Felipe Trigo
40. **Jarrapellejos**
Edición de Ángel Martínez San Martín

Fray Luis de León
41. **Poesía completa. Escuela salmantina**
Edición e introducción de Ricardo Senabre

Francesco Petrarca
42. **Cancionero. Sonetos y canciones**
Traducción y prólogo de Ángel Crespo

Leopoldo Alas
43. **El Señor y lo demás, son cuentos**
Introducción de Gonzalo Sobejano

Juan Valera
44. **Pepita Jiménez**
Introducción de Andrés Amorós

Gabriel García Márquez
45. **El coronel no tiene quien le escriba**
Introducción de Joaquín Marco

José María Vaz Soto
46. **Despeñaperros**
Prólogo de Víctor Márquez Reviriego

Ignacio Sánchez Mejías
47. **Teatro**
Edición de Antonio Gallego Morell